Lovica von Pröpper
Der Kaffee- und Teetisch

SEVERUS Verlag

Pröpper, Lovia von: Der Kaffee- und Teetisch. Ein Rezeptbuch für den perfekten Kaffee-Klatsch. 2019
Neuauflage der Ausgabe von 1882
ISBN: 978-3-96345-120-1

Korrektorat: Katharina Breu
Satz: Sarah Schwerdtfeger

Umschlaggestaltung: Annelie Lamers, SEVERUS Verlag
Umschlagmotiv: Designed by macrovector / freepik.com

Bibliografische Information der Deutschen Nationalbibliothek: Die Deutsche Nationalbibliothek verzeichnet diese Publikation in der Deutschen Nationalbibliografie; detaillierte bibliografische Daten sind im Internet über https://dnb.de abrufbar.

Der SEVERUS Verlag ist ein Imprint der Bedey & Thoms Media GmbH, Hermannstal 119k, 22119 Hamburg

SEVERUS Verlag, 2019
http://www.severus-verlag.de
Gedruckt in Deutschland
Der SEVERUS Verlag übernimmt keine juristische Verantwortung oder irgendeine Haftung für evtl. fehlerhafte Angaben und deren Folgen.

Lovica von Pröpper

Der Kaffee- und Teetisch
Ein Rezeptbuch für den perfekten Kaffeeklatsch

Inhalt

Der Kaffee

Aden sah ihn entstehen! Siehst du es nicht an dem frischen
Dufte seiner Jugend, an den rosigen Wangen seiner Kinder,
die er nährt? Es ist der Trank Allahs, die Quelle der Gesund-
heit, die Quelle der Weisheit, der Sorgenbrecher! –

Also preist ein alter arabischer Dichter den Kaffee, der auch heute noch
in ganz besonderen Ehren bei den Orientalen steht (wiewohl der Luxus
unsrer Kaffeevisiten ja auch nicht zu verachten ist) und in den Häusern
der Reichen und Vornehmen mit großen Zeremonien serviert wird, wie
es Max Schlesinger vor einigen Jahren noch beim ägyptischen Finanz-
minister zu Kairo erfuhr und folgendermaßen beschrieb: »Es erschien
der Kaffee in vollem Staate, getragen durch drei verschiedene Diener:
der erste bringt die Tassen, die mit einer goldgestickten Samtdecke zugedeckt sind, der zweite den Kaffee in seinem Kochgefäße, der dritte hebt
die Samtdecke ab, legt sie dem ersten über die Schulter und gießt den
Kaffee in die Tassen, worauf ein vierter vertritt, um diese mit tiefer Ver-
neigung und mit der Hand auf dem Herzen den Gästen zu reichen.«

»Viel Lärm um so ein Tässchen, das nicht mehr Flüssigkeit enthält,
als unsere Eierbecher. Dafür aber trinkt man ihrer ein Dutzend oder wohl
noch mehr im Tage, und das eine muss den Arabern auch ihr schlimmster
Feind lassen, dass sie sich auf die Bereitung des Kaffees« besser verste-
hen als irgendein andres Volk. Das ganze »Geheimnis aber besteht darin,
dass sie ihn jeden Tag frisch rösten, dass sie ihn überhaupt rösten, aber
nicht verbrennen wie wir, dass sie zu jedem Tässchen, nicht aber zu jeder
Kanne, einen Teelöffel voll Kaffee nehmen und dass sie ihn rasch auf-
sieden lassen. Verglichen mit solchem Kaffee, schmeckt jeder andre wie
doppeltkohlensaure Zichorie.«

Der Orientale trinkt den Kaffee stets ohne alle Beimischung, und als
einst eine exzentrische Engländerin, Lady Esther Stanhope, Verwandte
des berühmten Pitt, im Orient reiste und durch ihre Wunderlichkeiten
großes Aufsehen erregte, berieten einige Scheichs untereinander, ob sie
wohl eigentlich eine Seherin oder aber wahnsinnig sein möchte, worauf ein

alter Scheich, ganz zuversichtlich, ruhig und gelassen, den Ausspruch tat: »Sie ist w a h n s i n n i g, denn sie trinkt den Kaffee mit Zucker.« Berühmt ist auch der W i e n e r K a f f e e und das erste Kaffeehaus wurde dort von einem Griechen, K o l s c h ü t z k y[1], gegründet »unfern von St. Stephan«, wie K a r o l i n e P i c h l e r in ihrem so anziehenden Roman: »D i e B e l a - g e r u n g W i e n s« nach g e s c h i c h t l i c h e n Quellen berichtet und dann fortfährt, »wo er (Kolschützky) ein Kaffeehaus, das erste, was je in Wien existierte, auf Erlaubnis des Magistrats errichtet und wodurch bald der Gebrauch der Bohnen von Mokka, die man früher kaum gekannt, durch die ungeheuren Vorräte, welche sich davon im türkischen Lager gefunden, zum allgemeinen Bedürfnis wurde. So ist es denn dieser wackere Grieche, dessen unerschrockener Mut ihn zum tapfern Verteidiger und endlich zum Kundschafter für die bedrängte Stadt machte, dem alle jene, welchen dieser Trank jetzt noch Genuss gewährt, seine erste Bekanntmachung danken. Auch wurde auf Befehl des Magistrats jedem folgenden Kaffeewirt zur Pflicht gemacht, Kolschützkys Porträt in zierlichem Rahmen in seinem Gewölbe zu bewahren und zu ehren.«

Aber auch Anfechtungen blieben dem Kaffee nicht aus: Vor mehr als dreihundert Jahren vermeinten strenggläubige Türken gefunden zu haben, dass er, als ein aufregendes Getränk, dem Weine verwandt und daher den Gläubigen nicht erlaubt sei, drangen indessen nicht durch.

Friedrich der Große, welcher nicht wollte, dass der Kaffee ein allgemeines Getränk werde und viel Geld aus dem Lande führe, machte den Kaffeehandel zum Monopol und ließ auf Vorstellungen dagegen den Bescheid erteilen, dass er selbst bei Biersuppe erzogen worden und die Leute jetzt ebenso gut bei Biersuppe erzogen werden könnten.

Bekannt ist auch, dass er eine an den Straßenecken angeschlagene Karikatur auf ihn und das Monopol – der große König war mit einer Kaffeemühle auf dem Schoße dargestellt, wie er ängstlich die herausgefallenen Bohnen aufsucht – tiefer zu hängen befahl, damit sie besser zu sehen sei.

Einer von seinen Lieblingen, V o l t a i r e, liebte den Kaffee aber sehr und erwiderte auf den Einwurf: »Kaffee sei Gift«, dann wenigstens ein langsames, da er dabei doch schon über achtzig Jahre erreicht habe. Von

---

1   Anm. d. Verlags: An dieser Stelle ist vermutlich Georg Franz Kolschitzky gemeint.

4

ihm ist auch der Ausspruch, dass der Kaffee schwarz wie der Teufel, heiß wie die Hölle und süß wie die Liebe sein müsse.

Von Goethe ist die Bemerkung: »Die Zunge wird »gelenkiger, beredter und kühner beim Kaffee, besonders bei gemeinsamem Genusse«, und dieses weise Urteil des berühmten Dichters wird man bei jedem Kaffeekränzchen bestens bestätigt finden. Dagegen war Elisabeth Charlotte von der Pfalz, Herzogin von Orleans, eine große Gegnerin des Kaffees, der ihr wie Ruß vorkomme und große Krankheiten verursache: »Was ich aber wohl essen möchte, »wäre eine gute Biersupp, das kann man hier nicht »haben, denn das Bier taugt nichts hier.« In große Nöten kamen die Kaffeeschwestern zur Zeit der durch Napoleon verhängten Kontinentalsperre, wo hier in Rheinland das Pfund Kaffee einen Kronenthaler, fünftehalb Mark, kostete und ebenso viel der Zucker; von letzterem nahm man denn in weniger bemittelten Familien anstatt davon in die Tasse zu legen, für den ganzen Kaffeeschmaus nur ein Stückchen in den Mund, und als einst ein terminierender Mönch reichlich Zucker in seine Tasse tat, bemerkte die Hausfrau bescheidentlich: »Herr Pater, wir nehmen ein Stückchen in den Mund.« – »Das war ich noch vergessen«, sagte auf gut rheinisch der Herr Pater und schob auch noch ein Stück ins – in den Mund.

Reizend muss der Anblick einer Kaffeeplantage zur Zeit der Blüte sein, von der Frederika Bremer in ihren Briefen aus Amerika folgende Beschreibung gibt, aus Cardinas (Kuba) 9. März 1851: Eine Kaffeeplantage in voller Blüte: »Die Kaffeepflanze blüht auf der Plantage allmonatlich einmal, dann aber auch an einem Tage auf der ganzen Plantage. Die Blüten, die am Morgen voll erblüht dastehen, verwelken am Abend wieder. Die erste Blüte findet im Monat Januar, die letzte (im Jahre) im Monat November statt. Die Blüten, die in dichten weißen Kränzen und Büscheln an den Ästen sitzen, setzen kleine Fruchtknoten an, die anfangs grün, dann rot, zuletzt dunkelbraun werden und dann erst abgepflückt werden. Diese Kapseln enthalten die Kaffeebohne. Die Ernte derselben dauert deshalb drei bis vier Monate des Jahres hindurch ununterbrochen fort.«

»Die Kaffeeplantage, die ich besuchte, stand eben in der vollsten Blüte. Es sah aus wie frisch gefallener Schnee auf grünen Büschen. Die Kaffeepflanze hat schönes, saftgrünes, glattes, lorbeerähnliches Laub; die Blüten gleichen der einfachen weißen Hyazinthe und verbreiten einen feinen, süßen, angenehmen Geruch. Die fragliche Kaffeeplantage war übrigens ausgezeichnet schön und hatte schöne Alleen, abwechselnd aus Orangebäumen und Sagopalmen bestehend, große Flächen mit Ananas bepflanzt und Alleen von Bananen.« Die Blätter der Kaffeepflanze, geröstet und mit heißem Wasser übergossen, geben einen vortrefflichen Tee, der im ganzen indischen Archipel schon lange eins der wichtigsten Nahrungsmittel sein und in seinen Wirkungen dem echten chinesischen Tee nichts nachgeben soll, jedoch, wie es scheint, noch nicht in den Handel gekommen ist.

Auch ist endlich die Kaffeepflanze (Coffea arabica) eine sehr hübsche Pflanze für den Blumentisch; sie kommt im Zimmer ganz gut fort und man kann sie sowohl selbst aus Samen ziehen, den man aber (zu geringem Preise) vom Handelsgärtner nehmen muss, oder sich bei diesem eine Pflanze kaufen, die auch nicht viel kostet. In letzter Zeit ist Coffea liberica aus Afrika (Liberia, Republik befreiter Negersklaven) sehr gerühmt und auch besonders für Zimmerkultur empfohlen worden. Ihre Blätter und Früchte sind doppelt so groß als die von Coffea arabica und erstere größer als die des Gummibaums (Ficus elastica), doch ist sie noch ziemlich teuer.

Die Kaffee-Bereitung

Um guten Kaffee zu bereiten, müsste man natürlich vor allem gute Kaffeebohnen haben, aber damit ist es jetzt leider oft sehr schlecht bestellt und der Kaffee wird nicht allein verfälscht, sondern man hat auch künstlich verfertigte Kaffeebohnen, die aber glücklicherweise nur gebrannt abgesetzt werden können; man hütet sich also leicht vor ihnen, indem man keinen gebrannten Kaffee nimmt, was man überhaupt nie tun sollte, einesteils wegen der Verfälschung und andernteils, weil er fast immer zu stark gebrannt ist, und gemahlenen Kaffee, wo der Verfälschung vollends Tor und Tür geöffnet ist, nun gar nicht.

Eine sehr gefährliche Verfälschung, »p u r e r   M o r d« nennt es ein Chemiker, ist die Färbung der Kaffeebohnen durch K u p f e r, also durch einen wirklichen Vergiftungsprozess, um ihnen die grünliche Farbe des guten, echten Kaffees zu geben, und er rät dringend an, die Kaffeebohnen vor dem Brennen erst zu waschen, welches übrigens in unserm Hause seit vielen Jahren stets geschieht, schon aus Reinlichkeitsrücksichten, wegen Unreinlichkeit bei der Bearbeitung des Kaffees. Man reibt den aufs Sorgfältigste verlesenen Kaffee, dass ja keine falsche Bohne darin sei, in kaltem oder lauwarmen Wasser mit den Händen gehörig durch, schüttet ihn auf einen Seiher und gießt Wasser nach; reibt ihn dann in einem groben, sehr reinen leinenen Tuche wohl ab, breitet ihn auf starkem Papier aus und lässt ihn an der Sonne oder an einem warmen Orte recht trocken werden. Hat man das Waschen einmal in seinem Beisein vornehmen lassen, so wird man sich durch den Geruch überzeugen, dass es keineswegs überflüssig war, und taucht man eine blanke Messerklinge in das Wasser und sie läuft rötlich an, so waren die Bohnen mit Kupfer gefärbt, sagt der Chemiker.

M o k k a- u n d   D o m i n g o k a f f e e (s. K a f f e e s o r t e n) dürfen aber weder verlesen noch gewaschen werden.

Gute Bohnen sind sehr zäh und daher schwer zu brechen, von gleicher Größe, frischer, mehr oder weniger grünlicher Farbe und einer gewissen Schwere, sodass sie im Wasser gleichmäßig untersinken, wenn man sie in solchem auf ihre Güte prüft und eine kleine Portion davon über Nacht darin stehen lässt, worauf es dann, sind die grünlichen Bohnen gut, zitronengelb gefärbt sein muss; wird es grün oder braun, so haben die Bohnen Schaden gelitten. Siehe auch oben »Färben des Kaffees«.

Um den Kaffee nun zu brennen (rösten), gebe man ihn in die Kaffeetrommel, doch so, dass der Oberteil der sich drehenden Spindel frei bleibe und der Kaffee den Zylinder nur halb fülle, setze sie auf ein gutes, gleichmäßiges Feuer und beginne sogleich zu drehen und zwar ununterbrochen, damit die im Zylinder enthaltenen Bohnen fortwährend herumgeworfen werden, und immer nach einer Seite hin. Wenn man denkt, dass er genug gebrannt sei, so nehme man ihn vom Feuer und drehe die Trommel an freier Luft, um den Dampf, der die Bohnen noch umgibt und ihre Farbe verhüllt, auszulassen; sie müssen hellkastanienbraun sein, werden nun über starkes Papier ausgeschüttet und dünn auseinandergestrichen, damit sie schnell erkalten, worauf man sie in eine Schüssel tut und leicht schwingt, damit die feinen Schalen, die sich beim Brennen des Kaffees von den Bohnen ablösen und dem Geschmack schaden, abfliegen. Nun tut man sie gleich in eine gut verschlossene Büchse, auf dass ihr Aroma sich nicht verflüchtige, denn in den wenigsten Küchen wird wohl der Kaffee jedes Mal frisch gebrannt werden, obgleich der beste Kaffee nur erzielt werden kann, wenn zwischen Rösten, Mahlen der Bohnen und Aufgießen mit kochendem Wasser nur eine kurze Zeit vergangen ist.

Frisch gebrannt, gemahlen und sogleich bereitet sind die ersten Bedingungen des vollkommen guten, mit vollstem Aroma und vollster Kraft bereiteten Kaffees.

Für kleine Haushaltungen sind die Kaffeebrenner mit Weingeistlampe zu empfehlen; die Rolle wird bei angebrannter Lampe fortwährend, und nachdem die Lampe entfernt worden, noch drei bis vier Minuten ohne Feuer gedreht, wodurch sich dann der Kaffee ganz vollständig schön fertig brennt. 125 Gramm Kaffee bedürfen zehn Minuten, 250 Gramm zwölf Minuten, 500 Gramm vierzehn Minuten.

Sonst geschah das Brennen des Kaffees in offener Pfanne, durch Umrühren mit einem hölzernen Löffel, und viele behaupten noch immer, dass dies die beste Methode sei.

Der Gefäße und Maschinen zur Kaffeebereitung ist bekanntlich Legion, am verbreitetsten aber wohl sind die einfachen aus Porzellan, mit Filter und Seiher. Will man darin zwölf Tassen feinen Kaffee bereiten, so lässt man zwölf Tassen frisches Wasser kochend werden, schüttet dann 200 Gramm nicht zu fein gemahlenen Kaffee in den Filter und drückt ihn mit dem bei jeder Kaffeemaschine befindlichen Stampfer gut nieder, bringt den Seiher an seinen Platz, nimmt den Deckel ab und hält den Finger auf die Dillenmündung Das gut kochende Wasser gießt man langsam, zuerst nur einige Tropfen, auf den Seiher des Filters, hält an, bis es durchgelaufen ist, gießt so fort, bis es zu Ende, und setzt den Deckel auf, bis das Wasser ganz durchgelaufen ist, wonach man zwei Tassen kaltes Wasser nachgießt, den Deckel wieder aufsetzt und wenn das kalte Wasser auch vollständig durchgelaufen ist, so kann der Kaffee serviert werden, mit heißem oder kaltem Rahm dabei, je nach Belieben und Geschmack.

Sehr gut, bequem und hübsch, eine wahre Zierde des Kaffeetisches, sind die, ich glaube in Berlin erfundenen Kaffeemaschinen aus feinem Porzellan mit Weingeistlampe, bei denen man nichts zu tun hat, als den Kaffee in das Sieb des Filtrieraufsatzes zu geben, Wasser, kalt oder kochend, in den untern, mit einem Kränchen versehenen Teil der Maschine zu gießen, die Lampe anzustecken und, wenn sie ausgebrannt ist, den ganz vortrefflichen Kaffee vermittelst des Kränchens einzuschenken. Das Wasser steigt von selbst durch einen Trichter in den Aufsatz und übersprudelt den im Sieb befindlichen Kaffee; zuoberst ist noch eine Kanne für Rahm, für den Fall, dass man diesen heiß zum Kaffee wünscht.

Wo nicht viel Kaffee gemacht zu werden braucht, wird man die trichterförmigen Blechmaschinen, unten mit einer Rinne für Weingeist (sogenannten Ätna) passend finden.

Man übergießt den Kaffee mit kaltem Wasser, setzt den Deckel auf und zündet den Weingeist an. Im Allgemeinen sind zwar Maschinen von Blech, weil leicht gesundheitsschädlich, nicht zu empfehlen, aber diese einfachen, offenen Maschinchen lassen sich so leicht rein und blank halten, dass sie wohl unverfänglich sein dürften.

Einen sehr guten Kaffee erhält man aber auch, wenn man ihn kocht. Man schüttet den gemahlenen Kaffee in kochendes Wasser und lässt ihn mit diesem einige Mal aufkochen, bis er in die Höhe steigt, schreckt ihn mit etwas kaltem Wasser ab und lässt ihn gut zugedeckt stehen, bis er sich klar abgesetzt hat und nun durchgegossen oder abgeseiht werden kann.

Der berühmte Londoner Koch Mr. Soyer empfiehlt die folgende Kaffeebereitung: Man tue 60 Gramm gemahlenen Kaffee in eine Kasserolle, setze sie auf mäßiges Feuer und rühre den Kaffee mit einem hölzernen Löffel so lange, bis er durch und durch heiß ist; gieße ½ Liter kochendes Wasser darüber, decke die Kasserolle zu, stelle sie seitwärts vom Feuer und lasse den Kaffee fünf Minuten ziehen, nicht kochen; gebe ihn dann vorsichtig durch lose Leinwand (Seihschüssel, wie für Milch, ist sehr passend), spüle die Kasserolle rein aus, tue den Kaffee hinein, lasse ihn kochend heiß werden und serviere ihn, wenn zum Frühstück, mit heißem Rahm, nach dem Mittagessen mit kaltem. Diese Art ist sehr praktisch, wenn schnell eine große Portion Kaffee gemacht werden soll.

Wenn möglich, nehme man zum Kaffee stets weiches Wasser, oder füge vor dem Kochen dem Wasser eine starke Messerspitze doppeltkohlensaures Natron bei. Die Holländer benutzen gern Mineralwasser und so geschieht es auch in verschiedenen Bädern. Sehr geschätzt ist der Kaffee mit Pyrmonter Wasser und man erzählt sich in Pyrmont noch heute, dass auch unsre höchstselige Königin Luise, als sie im Sommer 1806 zu Pyrmont und ach! noch so heiter in all ihrer Schönheit und Holdseligkeit gewesen sei, diesen Kaffee stets sehr rühmte, welches ihren alten Lieblingsdiener einmal zu der sachverständigen Bemerkung veranlasste: »Ja, Ihro Majestät, das tut das moralische Wasser.«

In vielen Haushaltungen bedient man sich an Stelle reinen Wassers des mit kochendem Wasser überbrühten oder auch eben aufgekochten, durchgeseihten Kaffeesatzes (auf 60 Gramm Satz ein Liter Wasser) und kann dann den vierten Teil weniger Kaffee nehmen. Dies scheint besonders in Schwaden üblich, denn Schwabens so sehr beliebte Schriftstellerin, Frau Ottilie Wildermuth, lässt eine sehr wohlbemittelte Pfarrerin, deren Magd, »das dumme Ding, die Röse« vergessen hat, den Kaffeesatz aufzukochen, ihrem Manne, der meint, sie könne das e i n e Mal, wo er sehr eilig ist, doch reines Wasser und etwas mehr Kaffee nehmen, ganz empört erwidern: »Das ginge mir ab, noch puren Kaffee zu kochen, warum nicht gar auch ohne Zichorie!« – Auch hier ist Natron sehr am Platze: Man begieße den dicken Satz von abgegossenem Kaffee nochmals mit kochendem oder kaltem Wasser und nehme eine halbe Tasse mehr, als man braucht; lasse dies fünf Minuten mit Hinzufügung von einer starken Messerspitze doppeltkohlensaurem Natron kochen, nehme es dann vom Feuer und gieße zum Klären eine halbe Tasse kaltes Wasser dazu, filtriere es hierauf in einen Topf, decke es zu und stelle es kalt.

In Frankreich wird oder wurde sehr darauf gehalten, den Kaffee nicht zu mahlen, sondern in hölzernem Mörser mit hölzernem Stößel gröblich zu stoßen, und diese Mörser erbten in der Familie von Mutter auf Tochter, denn je länger sie im Gebrauch waren, desto köstlicher und kostbarer wurden sie, weil das Holz, schon ganz von dem Aroma des Kaffees durchdrungen und gesättigt, den Bohnen zuletzt nichts mehr zu entziehen vermochte, sondern ihnen mitteilte.

Auch der schon erwähnte Mr. S o y e r gibt ein von ihm sehr empfohlenes Rezept zu »w e i ß e m K a f f e e «, wo der Kaffee ebenfalls gestoßen werden soll: Man setze 60 Gramm leicht gebrannten, im Mörser gröblich gestoßenen Kaffee in einer Kasserolle über mäßiges Feuer und schüttele ihn jede halbe Minute um, und wenn er gehörig erwärmt ist, welches man an dem aufsteigenden Rauch erkennt, so gieße man ¼ Liter kochendes Wasser darüber, decke die Kasserolle gut zu und lasse sie fünfzehn Minuten an der Seite des Herdes stehen; füge dann ¼ Liter kochende Milch hinzu, gebe den Kaffee durch ein kleines, feines Sieb in die Kaffeekanne und serviere ihn mit hellstem Kandiszucker dabei. Die Bohnen dürfen nur so viel gebrannt sein, dass man sie im Mörser leicht zerkleinern könne.

Französischer Milchkaffee: Man gieße zu dem fertigen Kaffee die gleiche Menge kochende Milch und lasse es zusammen aufkochen.

Norwegischer Kaffee: Man gebe in eine Tasse starken, schwarzen Kaffee anstatt Zucker ein Gläschen süßen Likör.

Ungarischer Kaffee (*Café à la Glace*): Man bereite aus 250 Gramm frisch gebrannten, sehr guten Kaffeebohnen ½ Liter Kaffee, den man nach Geschmack versüßt und in einer Gefrierbüchse, aber ohne sie zu drehen, recht kalt werden lässt. Dann wird ein Liter süßer Rahm mit 125 Gramm Zucker vermischt, auf Eis schaumig geschlagen, kurz vor dem Servieren unter den Kaffee eingerührt und in Gläsern serviert. Es ist, namentlich an heißen Tagen oder bei Bällen, das Erfrischendste, was man genießen kann.

Wiener Königskaffee oder Gloria: Man nehme auf die Tasse Kaffee 15 Gramm Kaffee, halb Mokka, halb braunen Java, j e d e s M a l f r i s c h g e b r a n n t und s o g l e i c h g e m a h l e n und bereitet, gieße ihn vorsichtig und langsam mit kochendem Wasser an und habe besonders acht, dass das Aroma sich nicht verflüchtige, weshalb man nicht allein nach jedesmaligem Aufguss den Deckel der Maschine oder des Trichters wieder aufsetzen, sondern auch den Schnabel der Kaffeekanne mit einem Papierpfropfen verstopfen muss. In eine halbe Tasse von solchem gut gezuckertem Kaffee gießt man nun über den Rücken eines Teelöffels alten Kognak und füllt damit die Tasse, aber behutsam, dass Kaffee und Kognak sich nicht vermischen, zündet den Kognak an, und wenn er ausgebrannt ist, so rührt man es untereinander.

Dies Rezept, welches ich direkt aus Wien erhielt, »spricht ein großes Wort gelassen aus«, denn »Moka-n'a pas qui veut«; im Gegenteil ist echter Mokka sehr selten, aber auch jeder andere gute Kaffee kann als Königskaffee mit Kognak gegeben werden und ist bei den Herren nach Tisch äußerst beliebt.

Melange wird meistens in Gläsern serviert und man nimmt auf ein Glas reichlich 15 Gramm Kaffee, den man statt mit kochendem Wasser mit Milch angießt, und sobald die Melange in die Gläser gegossen ist, rührt man in jedes Glas einen Löffel geschlagenen Rahm.

Choca, in Paris sehr beliebt, besteht aus einer Mischung von halb Milchkaffee und halb Schokolade.

Endlich bietet eine Tasse heißer **schwarzer Kaffee**, in ein Glas frisches Brunnenwasser gegossen, im Sommer ein sehr labendes Getränk.

Zum Kaffee, falls er nicht schwarz getrunken werden soll, gehört durchaus guter Rahm, heiß oder kalt, nach Geschmack; da man sich denselben aber oft schwer verschaffen kann, so lässt sich auch Milch in einer Weise verbessern, dass sie den Rahm einigermaßen ersetzt: Man rühre ½ Liter ganz frische Milch auf gutem Feuer, bis sie kocht, setze sie dann ab, verrühre ein ganz frisches Eiger mit einigen Tropfen kalten Wassers und gebe die Milch unter beständigem Rühren nach und nach dazu, rühre es noch eine Weile, damit sich keine Haut bilden könne, und lasse es erkalten. Man sagt, dass in den so berühmten Wiener Kaffeehäusern nur dieser sogenannte Rahm gegeben werde.

Oder, auf amerikanische Art, löse man einen Teelöffel feinstes Maismehl (Maisflower) in etwas kalter Milch auf, rühre dann ½ Liter sehr gute, frische Milch dazu und lasse es, immerfort rührend, einige Minuten kochen.

Schließlich möchte ich noch anraten, den Kaffee nicht zu heiß einzuschenken, weil sonst während der Zeit, bis derselbe getrunken werden kann, ein sehr bedeutender Teil seines sehr flüchtigen Aromas verloren gehen würde, wovon man sich leicht überzeugen kann, wenn man eine Tasse mit heißem, schwarzem Kaffee in ein großes Zimmer stellt und dasselbe auf einige Augenblicke verlässt; bei dem Wiedereintritt wird das ganze Zimmer mit Kaffeegeruch erfüllt sein und diese große Menge Aroma war dieser einzigen Tasse Kaffee entgangen und dem Kaffee selbst entzogen.

Wenn man den Kaffee nicht stark liebt, so mache man ihn deswegen nicht schwach, d.h. gieße nicht gleich alles Wasser hinzu, sondern bereite eine Art Extrakt, wie die Russen bei ihrem Tee tun (s. Tee), und füge dann erst nach Belieben kochendes Wasser hinzu und man wird einen großen Unterschied finden.

Man kann Kaffeeextrakt auch käuflich in Flaschen haben, der sehr gut und sehr bequem ist, um schnell Kaffee zu machen, da man ihn nur mit kochendem Wasser zu vermischen braucht.

Vielleicht interessiert es meine Leserinnen, noch zu vernehmen, wie viele Arten, den Kaffee zu servieren, ein Wiener Kaffeehaus bietet: Da ist der »Piccolo« oder der »Kleine Schwarze«, dann die »Schale braun« mit ein klein wenig Rahm, der »Kapuziner« mit etwas mehr Rahm, die »Schale Melange", halb Kaffee halb Rahm, und das »Mehr Weiß«, vorwiegend Rahm. Wer nur sehr wenig trinken will, fordert »Nussschale schwarz« und erhält ein Miniaturtässchen mit stärkerem Kaffee. Für die Anhänger der alten Sitte haben die Wiener Cafés den »Berliner« erfunden; wer ihn bestellt, bekommt sein Getränk nicht gemischt, sondern Kaffee und Milch besonders.

In Frankreich, wo man der Jugend und namentlich der weiblichen Jugend, weil Kaffee den Teint verderben soll, denselben nicht gern erlaubt, erbitten sich die jungen Mädchen vom Papa häufig »Un Canard«, nämlich ein in den Kaffee getauchtes Stückchen Zucker, und dies hat die elegante Welt in Paris einmal auf die Idee gebracht, solche Canards, in den feinsten Kaffee getaucht, in eigens dazu angefertigten Tässchen mit goldenen Miniaturlöffelchen dabei nach dem Diner servieren zu lassen.

Die Kaffee-Sorten

Der Mokkakaffee, welcher aus dem eigentlichen Vaterlande des Kaffees, aus Arabien kommt, ist unstreitig die feinste Sorte, vom köstlichsten Aroma, aber, wie schon bemerkt, man bekommt ihn selten echt. Der echte Mokka muss kleine, runde, dunkle Bohnen haben, die teils noch in ihren Hülsen und teils mit Stückchen und Häutchen untermengt sind, und eben diese Hülsen, Stückchen und Häutchen bedingen seine Güte und bieten gerade den besten Geruch und vorzüglichsten Teil des Kaffees. Dagegen hat der unechte Mokka eine größere, blassgelbe, auf einer Seite flache, sauber gelesene, enthülste Bohne und ist wohl hie und da mit einigen echten Böhnchen vermengt.

Der Javakaffee, und besonders der braune, dürfte für alle, welche eine gute, kräftige Tasse Kaffee wünschen, als der beste empfohlen werden.

In Frankreich liebt man sehr eine Mischung von halb Bourbon - und halb Martiniquekaffee. Die beste Sorte von Bourbon hat beinahe runde, sehr kleine und dunkelgrünliche Bohnen; der beste Martinique ist schön grün und führt den Namen fein grüner Martinique.

St. Domingokaffee hat große weiße Bohnen, die gleich dem Mokka mit Hülsen und dergleichen untermischt sind und ist eigentlich wenig geachtet, aber sehr geeignet, um mit Mokka vermischt zu werden, den viele in dieser Mischung dem reinen Mokka noch vorziehen und der jedenfalls gesünder ist als dieser, da Mokka bekanntlich sehr erhitzend wirkt. Man kann halb Mokka und halb Domingo nehmen oder auch nur 250 Gramm Mokka und 1 Kilo Domingo, und eine ganz vorzügliche Mischung ist 1 Kilo Mokka, ½ Kilo Domingo, ½ Kilo kleine Bourbon, roh gemischt und zusammen gebrannt, wie die Mischungen überhaupt. Domingo muss, wie schon erwähnt, gleich dem Mokka behandelt, nämlich weder gelesen noch gewaschen werden.

Die Kaffee-Surrogate

Zu einem guten, feinen Kaffee dürfen, wie sich von selbst versteht, keinerlei Surrogate genommen werden; weil diese aber denn doch fast allgemein im Gebrauche sind, so will ich nicht verfehlen, meine Erfahrungen darüber mitzuteilen, und da haben wir nun zuerst und am meisten verbreitet die Zichorie, obgleich sie für gar nicht gesund gilt und überdem auch in mannigfaltigster Weise gefälscht werden soll, wie ein berühmter Chemiker, indem er vor gemahlenem Kaffee warnt, berichtet: »Der Spezereihändler verfälscht seinen Kaffee mit Zichorie; der Zichorienfabrikant verfälscht sein Produkt mit venezianischem Bolus, um das Auge des Spezereihändlers zu täuschen, und endlich mischt der Bolusgräber seine rote Siegelerde mit Ziegelmehl, weil dies vier billiger ist.«

Als bestes und wenigstens nicht schädliches Surrogat wird der F e i - g e n k a f f e e gerühmt und er soll sogar in den berühmten Wiener Cafés gebraucht werden, aber er ist auch ziemlich teuer und Surrogat bleibt eben immer Surrogat, und ich habe nur e i n e s kennengelernt, welches wirklich kaum als solches zu erkennen ist, die s c h w e d i s c h e K a f f e e - w i c k e (Astragalus baeticus), die jeder, der über ein Fleckchen Land verfügt, selbst ganz leicht ziehen und deren Samen man bei jedem Handelsgärtner erhalten kann.

Die Wicken werden mit dem Kaffee zugleich gebrannt; man lässt diesen zuerst ein wenig rösten und gibt dann erst die Wicken hinein, welche schwarzbraun geröstet werden müssen Setzt man ein Drittel Kaffee zu, so ist das Getränk sehr gut und mit dem Zusatz eines Fünftels auch noch recht gut, dabei sehr bekömmlich und besonders da zu empfehlen, wo der echte Kaffee nicht gut vertragen wird.

In meinem Hause wird keinerlei Kaffeesurrogat gebraucht, aber ich habe, aus Interesse für alles Nutzbare, die schwedische Wicke anbauen und Kaffee daraus bereiten lassen und diesen, wie schon bemerkt, besser gefunden als alle sonstigen mir bekannten Surrogate, ja besser als manchen sogenannten echten Kaffee.

Der Tee

Die süße Ruhe, welche man diesem Getränk verdankt, kann
man wohl schmecken und fühlen, aber nicht beschreiben.

Gedicht des Kaisers Tschien Long über Tee-Bereitung

China verbraucht, auch entgegen dem Spruche: »Der Prophet gilt nicht
in seinem Lande«, den meisten Tee; dann kommt England, Holland und
besonders Russland, wo er geradezu unter die Nahrungsmittel gerechnet
wird, wie bei uns der Kaffee oder, besser gesagt, die Zichorie! –
    Wie der Ungar von seinem Wein »Nullum vinum, nisi Hungaricum«
(keinen Wein außer ungarischem) sagt, so könnte mit mindestens ebenso
großem Rechte der Russe sagen: »Keinen Tee außer russischem«, aber
er muss auch auf russische Art bereitet und dies von der Matuschka,
dem russischen Mütterchen, gelernt werden.
    Sie kauft in einem russischen Teeladen (Tshainija lawka) möglichst
beste Ware; in Petersburg kostet das Pfund vier bis zehn Rubel; die
edelsten Sorten, wie Lian-Sin-Tee und Chan-Tee, bis zu achtzig Rubel
das russische Pfund, welches noch weniger als das ½ Kilo wiegt; dann
bereitet sie in kleiner, flacher, heiß umgespülter Porzellankanne einen
Extrakt, indem sie für etwa acht bis zehn Personen einen Esslöffel Tee-
blätter mit höchstens einer Tasse kochenden Wassers übergießt, fünf
Minuten auf dem Samowar stehend ziehen lässt und jedem Gast davon
ein wenig in die Tasse resp. Glas gibt, welcher den Extrakt nun nach eige-
nem Geschmack mit kochendem Wasser aus dem Samowar verdünnt.
Der Extrakt wird womöglich beim ersten Servieren ganz verbraucht;
gute Blätter können dann aber sehr gut noch einmal aufgebrüht werden.
Man trinkt in Russland den Tee schnell und möglichst heiß, meistens aus
Gläsern oder Bechern, oft ohne Zucker, oder man nimmt im gewöhnlichen Leben ein Stückchen Zucker in den Mund.
    Der vorerwähnte, auch in Deutschland schon vielfach eingeführte
Samowar (ich habe einen im täglichen Gebrauch, den meine Groß-
mutter nebst allem Zubehör als Hochzeitsgeschenk erhalten hatte) ist

ein urnenförmig gestalteter Wasserkessel von Metall mit beweglichem, zum Heizen der Maschine unentbehrlichem Schornsteine, dessen Heizung nicht von unten wie bei den Spiritusmaschinen geschieht, sondern es befindet sich inmitten des geräumigen Behälters eine Röhre, welche unten mit einem Reste versehen, oben in dem fest schließenden Schornstein endigend, Holzkohlen aufnimmt und so das in den Kessel gegossene, rings die Röhre umgebende Wasser ungemein schnell zum Kochen bringt und dauernd weiterkochen lässt. Zum Samowar gehört die kleine, ebenfalls aus Metall oder auch aus Porzellan und dergleichen bestehende Teekanne, ein längliches, metallenes Tablett und ein Spülnapf; bei dein meinigen ist auch noch eine Rahmkanne und eine Zuckerdose.

Noch ist zu bemerken, dass, wenn das leise Singen des kochenden Wassers im Samowar nachlässt, man den Schornstein ein Weilchen wieder aufsetzen, nötigenfalls auch mit Hilfe des Blasebalgs die Kohlen wieder anfachen muss; die Kanne hält man inzwischen in dem mit heißem Wasser gefüllten Spülnapf warm.

Man sagt, »Peter der Große« habe den Samowar aus Holland mitgebracht, wo sich allerdings solche für das Kochen im Freien bestimmte und dem Samowar ähnliche Kochmaschinen befanden und vielleicht noch befinden. In Russland soll die Fabrikation des Samowars gegenwärtig auf einer sehr hohen Stufe stehen und er in allen Größen angefertigt werden, bis zu vier Fuß Höhe für die Bahnhöfe.

Von den schwarzen Tees ist Pekko am geschätztesten und namentlich Pekko-Blüten-Tee; dann folgt Souchong und Congo; von den grünen: Soulong, Haysan, Perl-Tee, Kugel-Tee.

Diese beiden Teesorten, schwarze und grüne, werden beim Gebrauche gewöhnlich gemischt, weil der grüne allein als zu aufregend gilt, entweder halb schwarz, halb grün oder zwei Teile schwarzen Tee und einen Teil grünen.

Auch bekommt man bereits gemischte Tees »Melange-Tee« verschiedener Art in Paketen zu kaufen.

Eine sehr gute Mischung ist ein Drittel Pekko und zwei Drittel Souchong, wozu man auf das ½ Kilo eine Handvoll grünen Kugel-Tee mischt.

Eine sehr wichtige Sache beim Tee ist die Aufbewahrung desselben, weil er für jede äußere Einwirkung so leicht empfänglich ist. Blech- und Zinndosen sind hierzu am geeignetsten, doch müssen solche vor dem Gebrauche durch einen heißen Teeaufguss, den man darin abkühlen lässt, aromatisiert werden. Auch sind mit Zinn ausgelegte Holzkästchen, Glas- und Porzellan-Dosen zweckmäßig, da eigentlich nur Schutz vor Licht, Luft und Feuchtigkeit das Haupterfordernis ist. Fehlerhaft aber ist es, den Tee bloß im Papier-Verschluss in den Schrank zu legen, wo auch andre und namentlich stark riechende Sachen aufbewahrt werden, deren Geruch und Geschmack der Tee leicht annimmt, wodurch er schnell seine Kraft und Güte verliert und schlecht wird.

Um nun endlich den Tee zu bereiten, gibt man in eine mit kochendem Wasser ausgespülte Teekanne, welche sechs Tassen hält, 15 Gramm Tee und übergießt ihn mit einer halben Tasse sprudelnd kochendem Wasser, deckt die Kanne zu und stellt sie fünf Minuten lang zum Ziehen auf die Maschine, wonach man sie mit sprudelnd kochendem Wasser anfüllt, jedoch noch einen Fingerbreit Raum lassend, und nach zwei Minuten serviert. Nach diesem ersten Aufguss kann man einen zweiten über dieselben Blätter machen, nur muss der erste Aufguss vollständig abgegossen sein, bei einem dritten Aufguss aber muss man einen Teelöffel frischen Tee hinzufügen.

Vielfach sind bekanntlich die Beigaben zum Tee: Wohl immer kalter Rahm und Zucker, wobei ich bemerke, dass nach holländischer Weise der hellste Kandiszucker besonders gut zum Tee ist, und dann, dass manche behaupten, man solle den Zucker in die Tasse legen, ehe man den Tee hineingießt. Dann wird nach Geschmack und Landesbrauch neben dem Tee serviert: Geschlagener Rahm (in einer Schale), Rum, Arrak, Kirschengeist, Zitrone.

Eine Mischung aus einem Glase (¼ Liter etwa) Tee, zwei Löffel Rum oder Arrak und eine Scheibe Zitrone, nach Belieben auch Zucker, ist angenehm und belebend, und Zitronensaft, in Tee mit Zucker gepresst, sehr erquickend; ebenso ein Teelöffel Rum oder dergleichen, aber stets feinste Art mit oder ohne Rahm dabei.

Zum häuslichen Tee serviert man dann außer Butterbrot, mit oder ohne Fleisch, gern weiche Eier, Kartoffeln in der Schale mit frischer, harter Butter, Sardellenbutter, Heringbutter, gebratene Kastanien, Buchweizen-Küchlein und dergleichen.

Gleich dem Kaffee ist auch der Tee vielfach angefeindet worden und doch ist nicht zu leugnen, dass mäßiger Genuss desselben gesund ist und die Verdauung fördert. Er belebt, vertreibt die Mattigkeit, erleichtert die Transpiration und erregt sogar eine gewisse Heiterkeit, soll auch sehr heilsam in allen Fieberkrankheiten und ein guter Schutz gegen die Stein-krankheit sein. Die Chinesen, die, wie man sagt, weder Hautkrankheiten noch Gicht und Stein kennen, schreiben dies nur dem Genusse des Tees zu, und wer weiß, ob die Engländerinnen ihren wundervollen Teint nicht auch, wenigstens teilweise, ihrem geliebten Tee verdanken.

Die Teepflanze, Thea Bohea, bei allen Handelsgärtnern zu haben, ist eine empfehlenswerte, leicht und reich blühende, wohlriechende Zim-merpflanze, die wie die Kamelie behandelt wird.

Die Schokolade

Da man jetzt, namentlich in Paris, bei Abendgesellschaften statt Tee häufig Schokolade, warm oder kalt, servieren lässt, so wollen wir ihr hier auch ein Plätzchen vergönnen, zumal sie wirklich wohltätig und sowohl sättigend als die Verdauung fördernd ist, welch' angenehme Doppel-Eigenschaft schon Frau von Sevigné in ihren berühmten Briefen anerkannte, als sie sich mit der Schokolade, die eine Zeitlang in der guten Gesellschaft nicht beliebt und aus der Mode gekommen war, »aussöhnen« wollte: »J'ai voulu me raccommoder avec le chocolat; j'en pris avanthier pour digérer mon dîner, afin de bien souper, et j'en pris hier pour me npurrir, afin de jeûner jusqu'au soir, il m'a fait tous les effets que je voulais. Voilà de quoi je le trouve plaisant, c'est qu'il agit selon l'intention.«

Die spanische Schokolade wird für die beste gehalten und ist für den mäßigen Spanier, dem als Mahlzeit eine Tasse Schokolade mit einem Stück Brot dabei schon genügt (was möchte der deutsche Michel wohl für ein Gesicht dazu machen?! –), zugleich ein Nahrungsmittel. Auch die italienische und französische Schokolade wird sehr gerühmt, aber

»Willst du immer weiter schweifen,
Sieh, das Gute liegt so nah –«,

denn die Schokolade-Fabrik der Gebrüder Stollwerk im alt-ehrwürdigen Köln liefert Schokolade, die sicher mit keiner andern den Vergleich zu scheuen braucht und von der billigsten wie von der teuersten immer vortrefflich ist, und ebenso die dabei angegebene Zubereitung, die ich hier wörtlich folgen lasse:

1. Man nehme für je eine Tasse je eine Abteilung der Tafel (31 Gramm) und bediene sich eines fettfreien Geschirrs, in welches man zur Schokolade per Tasse fünf Esslöffel Milch oder Wasser gießt, je nachdem man die Schokolade mit Milch oder mit Wasser bereiten will, und bewirke über leichtem Feuer durch Umrühren die Auflösung. Hat sich die Masse

vollständig gelöst, so gieße man unter beständigem Umrühren den Rest
der Flüssigkeit zu und bringe die Schokolade zum Wallen. Durch längeres Kochen wird die Qualität benachteiligt.

Auch die hier nachfolgenden Rezepte sind zu empfehlen:

2. Wasser-Schokolade: Man nehme auf jede Tasse 30 Gramm Schokolade, lege sie trocken in eine irdene Kasserolle und lasse sie darin warm
und weich werden; gieße dann nach und nach kochendes Wasser dazu
(drei Viertel-Tasse für jede Tasse Schokolade), rühre es auch nach und
nach mit der Schokolade untereinander, gebe es in einen hohen Topf und
quirle die Schokolade recht heiß und schaumig, ohne sie kochen zu lassen,
fülle sie dann sogleich in die etwas erwärmten Tassen und quirle dazwischen immer recht stark, damit auf jede Tasse etwas Schaum komme.

3. Wasser-Schaum-Schokolade: Man gieße so viele Schokolade-Tas-
sen voll Wasser in die Schokoladekanne, als man braucht, tue die grob
geschnittene Schokolade (30 Gramm für jede Tasse) hinein und lasse sie
aufkochen, nehme sie dann vom Feuer und lasse sie eine Minute stehen,
setze unterdessen die Tassen in heißes Wasser und lege das Schokolade-
schäufelchen (durchlöchertes, eisernes Schäufelchen mit langem Stiel)
aufs Feuer, rühre die Schokolade mit dem Quirl zu Schaum, gebe den
Schaum mit einem kleinen Schaumlöffel in die Tassen und fahre damit
so lange fort, bis sie mit Schaum gehäuft angefüllt sind, den man als-
dann unter dem glühenden Schäufelchen, welches man fingerbreit hoch
über die Tassen hält, ein wenig steif werden lässt; doch ist letzteres nicht
gerade nötig und geschieht bloß, dass der Schaum sich nicht so schnell
setze.

4. Wein-Schokolade: wie »Wasser-Schaum-Schokolade«, nur
nimmt man statt Wasser Rheinwein oder Champagner, muss dann aber
ziemlich viel Zucker und auf jede Tasse einen Eidotter hinzufügen, mit
denen man die Schokolade absprudelt.

5. Milch-Schokolade: Man setze 1½ Liter ganz frische Milch in
einem Topfe, welcher aber beinahe das Doppelte halten muss, aufs Feuer,
gieße, wenn sie anfängt recht heiß zu werden, ungefähr ¼ Liter davon
in ein andres Gefäß, um sechs Eidotter recht schaumig darin zu quir-

len, und sobald die Milch im Topfe nun anfängt zu steigen, so schütte man 180 Gramm geriebene Schokolade und nach Geschmack 15 bis 80 Gramm Zucker hinein, lasse sie steigen, gieße den Eierschaum dazu und quirle es nun noch einige Minuten über dem Feuer. Wenn man dies alles genau beobachtet und die Schokolade gerade in dem Moment, wo die Milch steigt, hinein gibt, so wird sie außerordentlich schaumig und man erhält viel mehr Tassen als gewöhnlich.

6. Schnee-Schokolade: Man schlage, sowie Schokolade Nr. 1 oder Nr. 2 fertig ist, zwei Eiweiß zu festem Schnee, vermische ihn mit einem Esslöffel feingesiebtem Zucker und einer Tasse der Schokolade, und wenn die Schokolade in die Tassen gegossen ist, so tue man auf jede einen halben Esslöffel von diesem Schnee.

Auch serviert man neben den Schokoladen Nr. 1 und Nr. 2 häufig geschlagenen Rahm in einer Schale mit Löffel dabei, wovon man sich dann nach Belieben in die Tasse tut.

7. Kalte Schokolade: Man bereite sie nach Nr. 1 oder Nr. 2 und serviere sehr kalt, am besten in Punschgläsern und etwas geschlagenem Rahm gehäuft darüber und mit kleinem, feinem Backwerk, Hohlhippen, Hobelspänen, Oblaten und dergleichen dabei.

Zu allen Sorten von Schokolade, außer der kalten, gibt man immer fingerlang und fingerdick geschnittenes, geröstetes, feines Weißbrot, zierlich wie ein Scheiterhaufen aufgeschichtet, dem man noch Zwieback oder mürbes kleines Backwerk beifügen kann; häufig wird neben der Schokolade auch recht kaltes, frisches Wasser serviert, weil sie für erhitzend gilt, obwohl, wenn sie echt, dies keineswegs der Fall ist.

Der Kaffeetisch

ZWÖLF PERSONEN

Man wählt vorzugsweise einen runden Tisch, bedeckt ihn mit einer Kaffeeserviette, gewöhnlich aus ungebleichtem Damast, breitet darüber eine kleinere, weiße Damastserviette (Napperon) und setzt rundum zwölf Desserttellerchen mit Dessertserviettchen und Messerchen darauf. In die Mitte stellt man dann einen schon zerschnittenen, aber in seine ursprüngliche Form wieder zusammengeschobenen Kuchen und um diesen vier flache Teller mit zweierlei kleinem Backwerk, oder dies Backwerk auch in zwei Körbchen von Silber oder feinem Porzellan. Ferner zwei Kristallflakons, eines mit Kognak für die Herrn, das andre mit Vanillelikör für die Damen, und wenn das Rauchen erlaubt ist und den Herren Zigarren angeboten werden, zwei Lichter und Fidibus. Das frische Wasser wird, auf jedesmaliges Verlangen, vom Seitentische aus gereicht.

Nun werden auf zwei Tabletts je sechs Tassen mit ihren in die Untertassen gelegten Löffelchen gestellt und in die Mitte die Zuckerschale und die nach Belieben mit kaltem oder heißem Rahm gefüllte Rahmkanne; hiernach auf einem Seitentische die Tassen über zwei Drittteil vollgeschenkt, durch zwei Personen präsentiert, um die Gäste möglichst schnell zu bedienen, und Kuchen und Backwerk gleich nachserviert.

Nach dem Kaffee wird der Tisch abgeräumt und man setzt an Stelle des Backwerks vier Teller oder zwei Körbchen mit frischem Obste, wie die Jahreszeit es bietet, und in die Mitte eine Torte, zu welcher Bischof, Kardinal, Punschbowlen oder dergleichen gegeben werden, und die hernach durch eine süße Speise ersetzt wird.

Am Ende kann man noch Butterbrot mit Schinken, Zunge, Wurst, geräucherter Gansbrust, geräuchertem Lachs, Sardellen, Käse usw., feinen Salat, eine kalte Fleisch- oder Fischspeise, kalte Pastete und dazu Madeira, Xeres oder sonst sehr feine Weine servieren.

Das Nähere bringen die Servierkarten. Die Wahl des Obstes wird natürlich durch die Jahreszeit bestimmt.

Sehr zu empfehlen sind die überzuckerten Früchte (s. Verschiedenes), und wenn bei uns die Saison für frisches Obst vorüber ist, Kompotte, eingemachte und kandierte Früchte, Apfelsinen, Ananas, Datteln, Feigen und besonders die in Frankreich so beliebten »Quatre Mendiants« (Feigen, Datteln, Mandeln und Nüsse, »qui mendient du Vin«, zusammen hübsch arrangiert). Kirschen machen sich hübsch als Trauben: Man nehme dazu einen großen, nicht zu spitzigen Trichter und fülle ihn ganz mit Kirschen, dicht aneinander gelegt und die Stiele nach innen verschränkt, um die Kirschen besser zu halten, aber nach außen nicht sichtbar; belege dann einen Teller oder eine Schüssel mit Traubenblättern, stürze die Kirschen vorsichtig darauf und stecke oben eine kleine Weinranke hinein. Besonders hübsch macht es sich, wenn man mehrere solcher Trauben auf eine Schüssel tut, jede von einer andern Sorte Kirschen, gelbe, hellrote, schwarze.

Falls die Gesellschaft nur aus Damen besteht, so ist statt geistiger Getränke eine Kaltschale, Fruchtsaft, Fruchtwasser, Mineralwasser mit Wein und Zucker, auch Champagner mit Mineralwasser vermischt beliebt, all dies, gleich den Bowlen, sehr kalt serviert.

Der Teetisch

Zwölf Personen

Der Tisch wird wie zum Kaffee hergerichtet und besetzt, aber da die Hausfrau den Tee selbst bereitet, so stehen die Tassen, Teekannen, Schwenkschale, Samowar oder sonstige Teemaschine und Teekistchen vor ihrem Platze auf dem Tische; ferner noch zwei Kristallflakons mit Rum oder Arak, zwei Teller mit Zitronen, hübsch mit grünen Blättern verziert, zwei Zuckerschalen (eine mit hellstem Kandiszucker gefüllt, welcher, wie schon bemerkt, zum Tee besonders beliebt ist), zwei Kännchen mit kaltem Rahm, zwei kleine Schalen mit geschlagenem Rahm (Rahmschnee) nebst kleinen Löffeln, zwei Schalen mit Butter und zwei Teller oder Körbchen mit in schöne, dünne Scheiben geschnittenem Schwarz- und Weißbrot, oder die Butterbrötchen schon bereitet (s. unten). Auch Honig und Apfelsinenmarmelade (s. Konfitüren) sind beliebt zum Tee, letztere über offene, mit Butter leicht bestrichene Weißbrotschnitten gestrichen.

In England lässt man zum Tee vorerst Brot, Butter und Fleisch reichen, dann bei der zweiten Tasse das Backwerk und zuletzt eine Creme, Kompott oder Ähnliches.

Sehr schön machen sich Vasen mit Blumen auf dem Tische, oder man serviert das Obst in einer Schale mit hohem Fuße, welche man in die Mitte des Tisches stellt, und eine Torte und einen Obstkuchen an die Seite. Ferner hat man geschmackvolle Aufsätze von Silber oder Imitation, mit zwei Schalen übereinander und oben eine Hülse, in die man ein Blumenbukett oder um die Weihnachtszeit auch wohl ein kleines Christbäumchen mit Lichtchen und kleinen Bonbons steckt; in die untere Schale kommt gewöhnlich ausgesuchtes Obst, in die obere feinstes Backwerk.

Auch ein Obstbukett sozusagen, mit einer Spitze umgeben wie ein Blumenbukett und in einer Vase aufgestellt, ist sehr hübsch; die Hülle ist dann anstatt von Karton von starkem Draht und mit Papier überkleidet.

Endlich ist für kleine, freundschaftliche Tees das im Kreise sich bewegende Tablett sehr zu empfehlen, welches, auf einem geschützten Fuße ruhend und mit einer Serviette überdeckt, alles Zubehör aufnimmt und, indem man es herumdreht, die Bedienung überflüssig macht.

Englische Butterbrötchen: Man schneide sechs bis acht feine Brotscheiben, bestreiche die erste fett mit Butter und lege eine andre darauf, welche oben wieder gut mit Butter bestrichen wird, und fahre so fort, bis alle übereinander liegen (auf die letzte darf keine Butter kommen), worauf man sie der Quere nach in zwei querfingerbreite Streifen schneidet und, wenn man die nötige Anzahl hat, sie zierlich auf eine Schale legt, sodass die Butter sichtbar ist, und in einer andern, gleichen Schale feine Wurst, Schinken, geräucherten Lachs, geräucherte Gansbrust oder dergleichen oder E i e r k ö r b c h e n dazu servieren lässt. Man kann auch zu diesen Brötchen abwechselnd eine Scheibe Weißbrot und eine Scheibe Schwarzbrot nehmen.

Harlekinbrötchen: Man bereite zierliche, ganz gleiche Butterbrötchen und belege sie mit dem verschiedensten kalten Aufschnitt: Kalbsbraten, Hammelsbraten, Filet, Pökelfleisch, Rauchfleisch, Schinken, Schwarzwild, Rehziemer, Hasenziemer, Brüstchen von zahmem und Wildgeflügel, geräucherter Gansbrust, Wurst, Zunge, geräuchertem Lachs; habe ferner Sardellenbrötchen, abwechselnd mit hartgekochtem Ei (Gelb und Weiß), roten Rüben und Schnittlauch bestreut, Kaviarbrötchen, Mayonnaisebrötchen (fein geschnittenes gebratenes Fleisch, auch Schinken oder Fisch, mit einer dicken Mayonnaisesauce vermischt und aufgestrichen), Hachisbrötchen (magerer Schinken, Zunge, Wild, feines Geflügel fein gehackt auf Butterbrötchen gestreut und mit der Messerklinge leicht angedrückt); auch kann man noch Butterbrötchen mit zu Scheibchen geschnittenen Radieschen, eingemachten Gurken und hartgekochten Eiern oder mit zu Streifchen geschnittenen Sardellen und Kapern belegen, und arrangiere nun diese Brötchen, je mannigfaltiger je besser, auf eine große Schüssel. Reste können auf diese Art sehr gut benutzt und die Harlekinbrötchen auch als Vorspeise (Hors d'oeuvres) gegeben werden, so wie die nachstehenden E i e r k ö r b c h e n .

Eierkörbchen: Man schäle schöne große, hartgekochte Eier, lege sie der Länge nach vor sich hin und schneide mit einem kleinen scharfen Messer in der Mitte zweimal, nebeneinander und knapp ein Zentimeter auseinander, auf die Hälfte ein, um einen Henkel zu bilden; löse dann die übrige obere Hälfte des Eies ab, nehme vorsichtig alles Gelbe heraus und fülle diese niedlichen Körbchen nun, etwas gehäuft, entweder mit dem herausgenommenen Gelben, wozu man etwas Sardellenbutter verrührt und nach und nach das Gelbe hineinrührt, nebst etwas feinem Senf und feingehacktem Schnittlauch, oder mit Kaviar, den man mit etwas Zitronensaft vermengt, oder mit Sardellensalat aus sehr klein geschnittenen Sardellen, Kapern, ein wenig feingeschnittener Zitronenschale, Zitronensaft und feinstem Öl. Sehr schön sind diese Körbchen aus Truthuhneiern, die aber zehn bis fünfzehn Minuten kochen müssen.

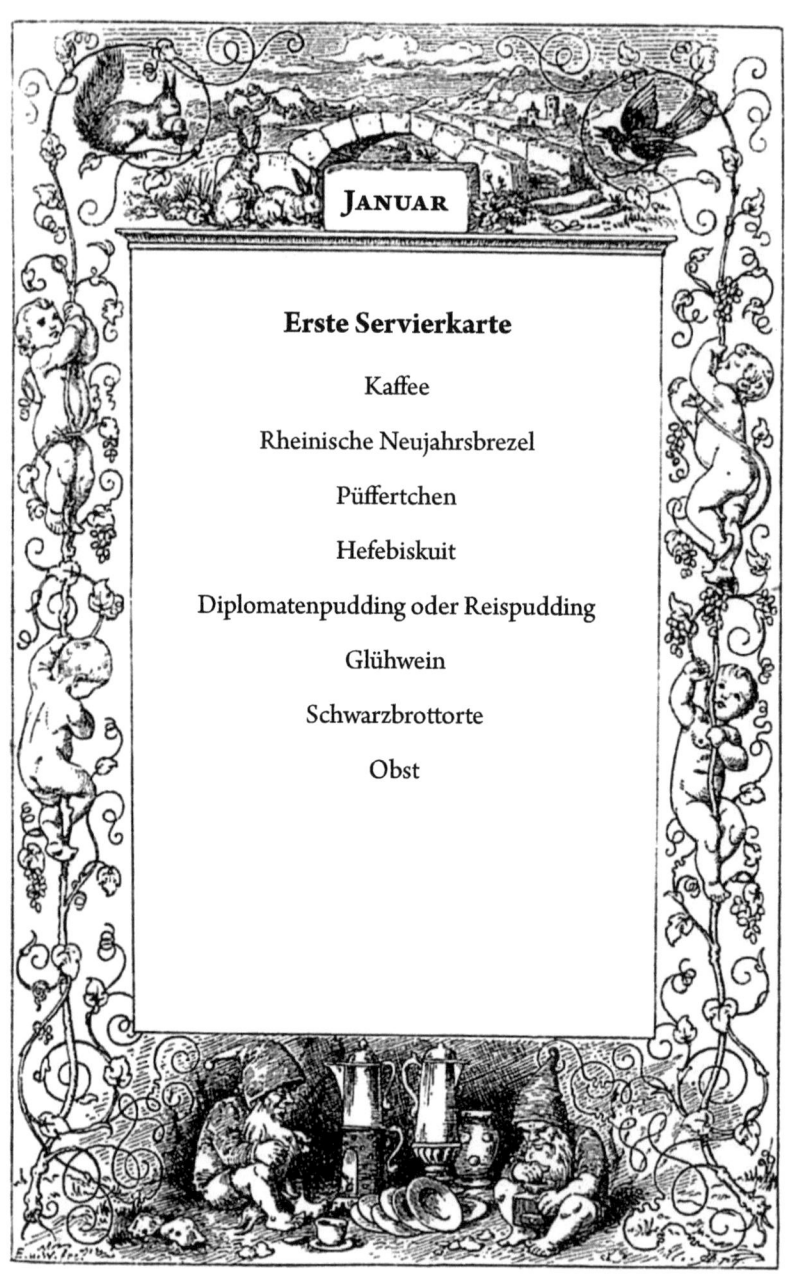

JANUAR

Erste Servierkarte

Kaffee

Rheinische Neujahrsbrezel

Püffertchen

Hefebiskuit

Diplomatenpudding oder Reispudding

Glühwein

Schwarzbrottorte

Obst

Rheinische Neujahrsbrezel: Man nehme dazu ein Kilo Mehl, 45 Gramm Hefe, 250 Gramm zerlassene Butter, 60 Gramm Zucker, etwas Salz, vier ganze Eier und drei Tassen lauwarme Milch. Aus der Hälfte des Mehls setzt man mit der Hefe und der Milch einen Vorteig an und gibt, nachdem er gegangen, das Übrige hinzu, arbeitet den Teig so lange, bis er Blasen wirft, und stellt ihn zum abermaligen Gehen an die Wärme; bildet nun drei lange Streifen daraus, die zu einem schönen Zopf geflochten und auf einem mit Butter bestrichenen Backblech zu einer Brezel geformt werden, und wenn sie noch einmal gegangen ist, so bestreicht man sie mit verklopftem Ei und backt sie eine Stunde lang.

Besonders gut, wenn man sie nach englischer Art auseinanderspaltet, die Stücke über einem Roste röstet und warm mit Butter bestreicht.

Püffertchen: Man nehme sechs Eier, sechs Esslöffel feines Mehl, eine kleine Tasse Rahm, halb süß, halb sauer, Zucker, an dem Zitronen abgerieben worden, nach Geschmack und ein wenig Rum. Das Gelbe der Eier wird gut verrührt, dann mit dem Zucker noch etwas gerührt, hierauf Rahm und Rum und danach das Mehl hinzugegeben und zuletzt das zu Schnee geschlagene Weiße der Eier, worauf man Schmelzbutter oder Butter in der Püffertchenpfanne (mit mehreren Vertiefungen) heiß werden lässt, in jede Vertiefung einen starken Esslöffel von der Masse gibt und auf beiden Seiten gelbbraun backt, mit Zucker bestreut und warm serviert.

Hefebiskuits: Man rühre 250 Gramm Butter leicht, dann acht Eidotter hinein und zwei Esslöffel Hefe, vier Esslöffel süßen Rahm, eine Handvoll gesiebten Zucker und 375 Gramm feines Mehl daran. Der Teig muss ganz leicht sein und wäre er noch ein wenig zu fest, so fügt man noch ein paar Esslöffel süßen Rahm hinzu, lässt dann den Teig gehen, tut ihn auf das mit Mehl bestreute Backbrett und rollt ihn fingerdick aus oder drückt ihn auch nur mit der Hand auseinander; schneidet ihn zu länglichen Stückchen, wie ein dickes Biskuit, legt sie etwas weit voneinander auf ein mit Mehl besätes Backblech, lässt sie wieder gehen und bestreicht sie mit verklopftem Ei, streut Zucker und Zimt darüber und backt sie langsam.

Diplomatenpudding: Man koche ¾ Liter Milch mit einer gespaltenen Stange Vanille eine Viertelstunde lang und rühre unterdessen zehn

Eidotter mit 250 Gramm grob gestoßenem Zucker und einem Esslöffel Stärkemehl zu einer dicken Masse, gebe die Milch dazu und lasse es unter fortwährendem Rühren auf dem Feuer anziehen, gieße es durch ein Haarsieb und rühre es mit 30 Gramm aufgelöster Gelatine kalt. Dann werden 125 Gramm Korinthen und 125 Gramm kleine Rosinen (Sultaninen) rein gewaschen, 125 Gramm Sukkade fein geschnitten, dies alles in Zuckerwasser aufgekocht und kalt gestellt, und endlich 125 Gramm langes Biskuit auf eine Schüssel gelegt und mit Maraschino (durchaus kein andrer Likör) wohl angefeuchtet. Jetzt wird eine hohe, glatte Form (Puddingform) mit Mandelöl bestrichen, in Eis gestellt und von der Masse zwei querfingerhoch eingefüllt; dann, wenn es fest geworden, von dem Biskuit darauf gelegt, von den aufgekochten Zutaten der dritte Teil darüber gestreut und wieder von der Masse aufgegossen. Ist sie fest, so kommen wieder Biskuit und Zutaten, und so wird fortgefahren bis alles aufgebraucht, die Form voll und als oberste Lage mit Masse zugegossen ist, wobei man nicht versäumen wolle, bei jeder Lage zu warten, bis die Masse fest geworden ist, weil sonst die Biskuits alle in die Höhe kommen würden. Auch ist zu empfehlen, den Pudding den Tag vor dem Gebrauche zu bereiten. Man gießt, wenn er gestürzt ist, eine kalte Vanillesauce oder Rahmschnee mit Vanille darum, und es ist dieser Pudding einer der besten und feinsten, die es gibt und dabei doch kräftig, sodass er auch bei Herrn sehr beliebt ist.

Reispudding: Man koche 375 Gramm blanchierten Reis in Wasser dick und weich ein, doch darf er nicht verkochen; vermische ihn dann mit 375 Gramm geläutertem Zucker, einem starken Weinglas voll Arak und dem Safte und der an Zucker abgeriebenen Schale einer Zitrone und lasse es damit ein wenig anziehen, dass es gar keine Brühe mehr habe; spüle nun eine Form mit Arak aus, bestreue sie stark mit Zucker und fülle die Masse hinein, welche man am andern Tage stürzt und mit einer kalt bereiteten Sauce aus Johannisbeer-, Himbeer- oder Kirschensaft mit weißem Wein, Wasser, Zucker und etwas Arak vermischt, serviert, oder statt Sauce den Pudding mit einem Kranze von stark eingezuckerten Apfelsinenschnitzen umlegt.

Glühwein: Man nehme vier schöne bittere Orangen, ritze mit einem Messerchen, jedoch nur flach, von allen Seiten mit kleinen Schnittchen in die Schale und brate sie dann auf einem Roste über sehr gelindem Kohlenfeuer; mache nun kreuzweise tiefe Einschnitte hinein, tue sie in einen irdenen Topf, gieße zwei bis drittehalb Liter sehr guten Rotwein, am besten Burgunder, darüber und lasse dies wohl zugedeckt über heißer Asche vier bis sechs Stunden ziehen, damit die Orangen genugsam extrahiert werden, die man auch einige Mal mit einem Löffel ausdrücken kann. Hierauf wird der Glühwein durch eine Serviette gepresst, mit 500 Gramm Zucker versüßt und recht heiß serviert. Man kann jede Orange mit ein paar Gewürznelken und einem Stückchen Zimt bestecken, doch wird der reine Orangengeschmack dadurch beeinträchtigt.

Einfacher, aber auch recht gut, bereitet man Glühwein, indem man auf dem Feuer fünftehalb Flaschen guten Rotwein mit 750 Gramm Zucker in Stücken, etwas Zimt und einem Fläschchen Bischofessenz, welches drittehalb Esslöffel hält, vermischt und es bis vors Kochen kommen lässt.

Schwarzbrottorte: Man röste 125 Gramm Schwarzbrot und stoße es fein, feuchte es mit etwas rotem Wein an und lasse es eben antrocknen; rühre dann zwölf Eidotter mit 375 Gramm fein geriebenem Zucker eine halbe Stunde und füge 250 Gramm fein geriebene, nicht abgezogene Mandeln, etwas abgeriebene Zitronenschale, etwas Sukkade, fein gestoßenen Zimt und Gewürznelken, das Brot, einen kleinen Guss Arak und zuletzt den Schnee von zwölf Eiweiß hinzu, backe die Torte etwa eine Stunde und gebe, wenn sie erkaltet ist, folgenden Guss darüber:

Man rühre 125 Gramm gesiebten Zucker mit einem Eiweiß recht lange und dann 30 Gramm fein geriebene Schokolade, etwas Zitronensaft und auch etwas Arak daran. – Sehr gut und kräftig.

FEBRUAR

Zweite Servierkarte

Kaffee

Rollkuchen

Schwäbische Hörnlein

Kölner Fastnachtmutzen

Apfelsinenkörbchen oder Eier im Neste

Ambrosia

Schlangentorte

Obst

Rollkuchen: Man nehme dazu 750 Gramm Mehl, 45 Gramm trockene Hefe, ¾ Liter Milch, 250 Gramm Butter, 125 Gramm Zucker, 125 Gramm Rosinen, 125 Gramm Korinthen, fein geschnittene Sukkade nach Belieben und 2 Eier; bröckele die Hefe auf das Mehl, menge dies mit der lauwarm gemachten Milch und einem Ei an und lasse es gehen; verrühre unterdessen die erwärmte Butter mit dem Zucker und dem zweiten Ei und vermische dies mit dem ersten Teige, der dann ziemlich flott sein und wieder gehen muss. Hiernach stürze man ihn auf das Backbrett, rolle ihn aus, schlage und rolle ihn zweimal, wie Blätterteig, und lasse ihn, wenn er zum letzten Mal ausgerollt ist, zwei Minuten ruhen; bestreue ihn nun mit etwas Zucker und dem größten Teil der Rosinen, Korinthen und Sukkade und schneide mit einem Messer oder dem Backrädchen aus dieser Platte Streifen, die man übereinander rollt und in die mit Butter bestrichene Form nebeneinander setzt und dann abermals ein wenig ruhen lässt, worauf man zwischen die Rollen den Rest der Rosinen, Korinthen und Sukkade gibt, oben darüber verklopftes Ei streicht, etwas Zucker darauf streut und den Kuchen in frischer Hitze backt. – Ganz vorzüglich.

Schwäbische Hörnlein: Man verklopfe sechs Eidotter mit einer Tasse süßen Rahm, 90 Gramm zerlassener Butter und einem walnussgroßen Stückchen Hefe recht kräftig und rühre dann, nebst etwas Salz, so viel Mehl hinein, dass man den Teig verarbeiten könne, worauf man Hörnlein (halbmondförmig) daraus formt, sie auf ein mit Butter bestrichenes Backblech setzt, mit Ei bestreicht und schön gelb backt.

Kölner Fastnachtmutzen: Man nehme 1 Kilo 250 Gramm Mehl auf das Backbrett, mache in die Mitte eine Höhle, schlage nach und nach sieben ganze Eier und sieben Eidotter hinein und gebe für fünf Pfennig klaren Fruchtbranntwein, für zehn Pfennig Rosenwasser und 150 Gramm fein gestoßenen Zucker dazu, menge es zu einem steifen Teig, rolle ihn ganz dünn aus und rädle mit dem Backrädchen handgroße Küchlein daraus, in die man, auch mit dem Backrädchen, drei bis vier kleine Einkerben macht und sie auf einem Papier auseinander legt; tue dann Schmelzbutter in eine Kasserolle und backe die Mutzen, je nachdem die Kasserolle groß ist, zu zwei bis drei auf einmal, schwimmend, schön darin aus; lege die ausgebackenen auf Fließpapier, damit das Fett abziehe, bestreue sie mit Zucker und Zimt und gebe sie kalt. Sie halten sich einen ganzen Monat, weshalb man gern eine große Portion davon backt. – Original rezept aus Köln, wo sie zu Fastnacht in keinem Hause fehlen.

Apfelsinenkörbchen: Man nehme schöne, gleich große Apfelsinen, schneide bei jeder bis zu deren Hälfte, einen kleinfingerbreiten Streifen zum Henkel, dann bis zu diesem die beiden oberen Hälften weg; höhle vermittelst eines kleinen Teelöffels das Fleisch aus der untern Schale und dem Henkel, kratze auch, so viel als möglich ohne sie zu zerreißen, das Weiße aus beiden und wässere diese Körbchen vierundzwanzig Stunden lang in frischem Wasser, welches man mehrmals wechselt; lasse sie nun ablaufen, fülle sie mit folgender Weinsulz oder sonst passender Sulz; man kann auch Reste von Sulz verwenden, die man dann hackt, und serviere die Körbchen über einer schön gebrochenen Serviette.

Zur Weinsulz koche man 375 Gramm Zucker zum Breitlauf und schäume ihn sehr rein ab; löse 60 Gramm Gelatine auf, die auch sehr klar sein muss, und wenn beides beinahe ausgekühlt ist, so vermische man es mit ½ Liter gutem weißen Wein und fülle sie in die Körbchen.

Anstatt mit Sulz können die Körbchen auch mit dem ausgelösten Fleisch der Apfelsinen gefüllt werden, von dem man dann die Hälfte aus-presst und die andre Hälfte in kleine Stückchen schneidet und mit der gleichen Menge eingemachter roten Johannisbeeren vermengt; den Saft vermischt man für acht Apfelsinenkörbchen mit 125 Gramm fein gesto-ßenem Zucker, gießt ihn über das Ganze und stellt es eine Weile kalt, ehe man es einfüllt.

Eier im Neste: Man nehme schöne frische, möglichst gleich große Eier, mache am dicken Ende eine kleine Öffnung, stoße mit einem Strohhalm hinein, um den Dotter zu zerstoßen, wodurch sich das Ei besser auslee-ren lässt, gieße den ganzen Inhalt rein heraus und spüle die Schalen mit kaltem Wasser sorgfältig aus, lasse sie gut auslaufen, stelle sie mit dem einen Ende in Salz und fülle sie vermittelst eines Trichters mit noch flüs-siger Mandelsulz (Blanc-manger) Beim Gebrauche schält man sie dann behutsam, tut ein wenig Zitronensulz auf den Boden einer Schüssel, setzt die Eierdarauf und gießt wieder etwas noch flüssige, jedoch nicht mehr warme Sulz hinzu, dass die Eier fest stehen, stellt es auf Eis und lässt es sulzen; umgibt beim Servieren die Schüssel mit einem Kranze von gehackter Zitronensulz und belegt ihn hier und da mit abgekochten Fadennudeln, um die ein natürliches Nest umgebenden Strohhalme zu markieren. Die Sulzen müssen hierzu etwas fester als gewöhnlich gehalten werden, sonst kann man die Eier nicht gut schälen und die Zitronensulz nicht gut hacken.

Ambrosia: Man Milch einen Teelöffel pulverisierte Vanille, zwei starke Likörgläschen Kirschengeist, eine halbe, in möglichst kleine Stückchen geschnittene, mittelgroße Ananas und Zucker nach Geschmack und lasse es drei Stunden zugedeckt stehen, ehe man serviert. – Vom B e r l i n e r Hofe.

Schlangentorte: Man verarbeite 180 Gramm geschmolzene Butter, 225 Gramm Zucker, 500 Gramm Mehl, zehn Eidotter und einen Esslöffel süßen Rahm zu einem guten, nicht zu festen Teige, rolle ihn ziemlich dünn aus und forme zwei lange, vier querfingerbreite Streifen daraus; streiche auf den einen die nachfolgende Fülle, lege den andern Streifen darüber und drücke den Rand auf beiden Seiten fest aneinander; schneide dann mit dem Backrädchen an einem Ende einen Schlangenkopf und am andern einen Schweif aus, biege Kopf und Schweif gegeneinander, dass sie sich fast berühren, und bilde über den oberen Teil der ganzen Schlange Schuppen mit einem Messer; drücke an Stelle der Augen zu jeder Seite eine schöne Korinthe ein und bestreiche das Ganze, ehe es in den Ofen kommt, mit verklopftem Ei.
Zur Fülle nehme man 90 Gramm geriebene Schokolade, 8 Gramm gestoßenen Zimt, das Abgeriebene einer halben Zitrone, 225 Gramm gesiebten Zucker und 500 Gramm abgezogene, fein gestoßene Mandeln und mache hievon, mit dem nötigen Ei, einen recht steifen dicken Brei.

MÄRZ

Dritte Servierkarte

Kaffee

Zimtkuchen

Hefewaffeln

Wiesbadener Kaffeeküchlein

Schokolade-Weincreme mit Pandolen oder
Vanillecreme mit ausgebackenen Pilzen

Brändelpunsch (Krambambuli)

Kartoffeltorte

Obst

Zimtkuchen: Man bereite von 560 Gramm feinstem, gesiebtem Mehl, 280 Gramm frischer Butter, vier Esslöffeln Hefe, zwei ganzen Eiern, zwei Eidottern, ½ Liter süßem Rahm und etwas Salz einen feinen Hefeteig, den man zu einem fingerdicken Kuchen ausrollt, über einen mit Butter bestrichenen Bogen Papier auf ein Backblech legt, außen herum leicht aufkneipt, und wenn er gegangen ist, lichtbraun backt. Dann rühre man zwei ganze Eier mit 17 Gramm aufs Feinste gestoßenen Zimt und fein gestoßenem Zucker zu einem dickflüssigen Guss, überstreiche damit den Kuchen, während er noch warm ist, und setze ihn wieder in den Ofen, bis der Guss trocken ist.

Hefewaffeln: Man verrühre 500 Gramm Mehl, 6 Eier, ½ Liter Milch, ¼ Liter Wasser, 45 Gramm Hefe und 10 Esslöffel geschmolzene Butter und lasse es gehen; die Butter darf nicht zu heiß und Milch und Wasser müssen lauwarm sein.

Zum Backen hat man jetzt fast allgemein die Waffeleisen in Form einer Pfanne, in welcher fünf Waffeln auf einmal gebacken werden, und wenn die Masse nun gegangen ist und man backen will, so setze man das Waffeleisen beizeiten auf recht hohes und kräftiges Feuer, denn je rascher die Waffeln backen, desto schöner werden sie, und lasse es recht heiß werden, streiche es mit zerlassener Butter aus, gebe von der Masse etwa einen Esslöffel für jede Waffel hinein und drehe gleich um. Sowie die Waffeln gebacken sind, werden sie herausgenommen, mit Zucker und Zimt bestreut und warm serviert.

Wiesbadener Kaffeeküchlein: Man bringe 250 Gramm Butter mit ½ Liter Wasser zu Feuer, streue, wenn es kocht, 250 Gramm feines Mehl unter beständigem Rühren hinein und rühre es so lange, bis die Masse recht steif ist und sich vom Löffel und der Kasserolle losschält, lasse sie ein wenig erkalten und schlage dann nach und nach acht Eier hinein, füge die abgeriebene Schale einer halben Zitrone hinzu, verarbeite es kräftig und stelle es bis zum andern Morgen oder wenigstens einige Stunden lang an einen kühlen Ort; steche nun mit einem silbernen Esslöffel kleine Klöße davon ab und lege sie reihenweise auf ein mit Mehl bestäubtes Backblech, forme sie mit dem Löffel möglichst rund und backe sie etwa eine Viertelstunde lang in mittelheißem Ofen, bis sie gelbbraun und hoch geworden sind; zuletzt werden sie mit einem Guss aus gesiebtem Zucker, Zitronensaft und Rosenwasser bestrichen.

Aus dieser Masse kommen vier bis fünf Dutzend Stück, die vortrefflich sind und nie missraten. Wenn man sie zum Tee oder als Zwischenspeise geben will, so kann man sie auch füllen, indem man sie, erkaltet, an der Seite aufschneidet und einen Teelöffel Marmelade oder Gelee hineinschiebt.

Schokoladecreme mit Wein: Man nehme 250 Gramm Schokolade, 200 Gramm Zucker und ein Liter Rotwein, am besten Bordeaux, tue die Schokolade mit einem Teil des Weines in einen Topf, rühre sie über leichtem Feuer, bis sie sich aufgelöst hat, und gebe nun den Zucker dazu, gieße unter beständigem Umrühren den Rest des Weines daran und bringe es nur zum Wallen, denn durch längeres Kochen leidet der Geschmack, mische dann 30 Gramm aufgelöste Hausenblase darunter, streiche die Masse durch ein Sieb und füge den Schnee von vier Eiweiß hinzu, gebe es in eine Schale, lasse es erkalten und serviere mit P a n d o l e n, zierlich als Scheiterhäufchen auf zwei Tellern geschichtet.

Pandolen: Man bereite von 560 Gramm feinem Mehl, 280 Gramm frischer Butter, 4 Eidottern, 105 Gramm Vanillezucker, 4 Esslöffel Hefe, ½ Liter süßem Rahm und etwas Salz einen feinen Hefeteig und forme fingerlange und fingerdicke Stängchen daraus, die man über mit Butter bestrichenem Papier auf ein Backblech legt und zugedeckt an einen warmen Ort zum Aufgehen stellt, dann mit Ei bestreicht, mit Grobzucker bestreut und lichtbraun backt.

Vanillecreme: Man koche in ¾ Liter süßem Rahm oder Milch eine Stange Vanille auf, lasse es zugedeckt eine Viertelstunde ziehen und, nachdem es durch ein Sieb gegossen, verkühlen; füge 4 ganze Eier, 4 Eidotter, 60 Gramm Zucker, eine Messerspitze Kartoffelmehl und eine Prise Salz hinzu, verklopfe alles fünf Minuten lang und stelle die Masse nun ins Bain-Marie, wo man sie so lange klopft, bis sie heiß und dick wird und keine großen Blasen mehr wirft, dann rasch in eine Schale gießt, über Eis erkalten lässt und mit ausgebackenen Pilzen serviert.

Ausgebackene Pilze: Man hat dazu eine eigene Form von gegossenem Messing mit langem Stiel, wie für die sogenannten römischen Pastetchen, aber in Pilzform. Man bereite nun einen Teig aus ¼ Liter süßem

Rahm, 125 Gramm Mehl, einer Prise Salz, einem Teelöffel Zucker, einem Esslöffel Rum, zwei ganzen Eiern und einem Dotter; Mehl, Eier, Salz und Zucker werden zusammen getan und nach und nach mit dem Rahm verdünnt, dann der Rum hinzugefügt, alles zusammen gut verrührt und ein Wasserglas nicht ganz voll damit gefüllt. Die Form wird in heiße Schmelzbutter getaucht, und wenn sie ganz heiß ist, bis auf 1 Zentimeter vom Rand in den Teig, und sowie dieser sich angesetzt hat, gleich wieder in die heiße Schmelzbutter gehalten und gebacken, worauf man die Form aus der Butter hebt und den Pilz von der Form auf Fließpapier rutschen lässt; sie müssen ganz blass gebacken, dünn und glasig sein, werden gleich mit Zucker bestreut und zum Wein, beim Dessert, wo sie bei Herren sehr beliebt sind, oder zu Creme und Gefrorenem recht frisch serviert.

Brändelpunsch (Krambambuli): Man lege auf einen starken, breiten, irdenen Topf zwei bis drei flache Eisenstäbchen und über diese ein Kilo Zucker, den man mit einer Flasche Rum begießt und sogleich mit einem recht langen Fidibus in Brand steckt. Dann, wenn der Rum ganz ausgebrannt und der Zucker in den Topf getropft ist, gieße man zwei Flaschen guten weißen Tischwein, ein Liter Wasser oder Tee nebst dem Safte einer Zitrone und einer Apfelsine dazu und stelle den Topf wenigstens zwei Stunden lang in den warmen, nicht heißen Backofen, rühre ihn danach gut um und halte ihn während des Servierens fortwährend heiß; man kann ihn aber auch kalt geben.

Kartoffeltorte: Man reibe Tags vorher abgekochte Kartoffeln auf dem Reibeisen, verrühre dann sieben Eidotter mit 125 Gramm gestoßenem Zucker und 60 Gramm fein gestoßenen Mandeln; gebe hierauf 250 Gramm von den geriebenen Kartoffeln und danach den Schnee von sieben Eiweiß hinein, fülle die Masse in eine Form und backe sie wie Biskuittorte, womit sie viele Ähnlichkeit hat.

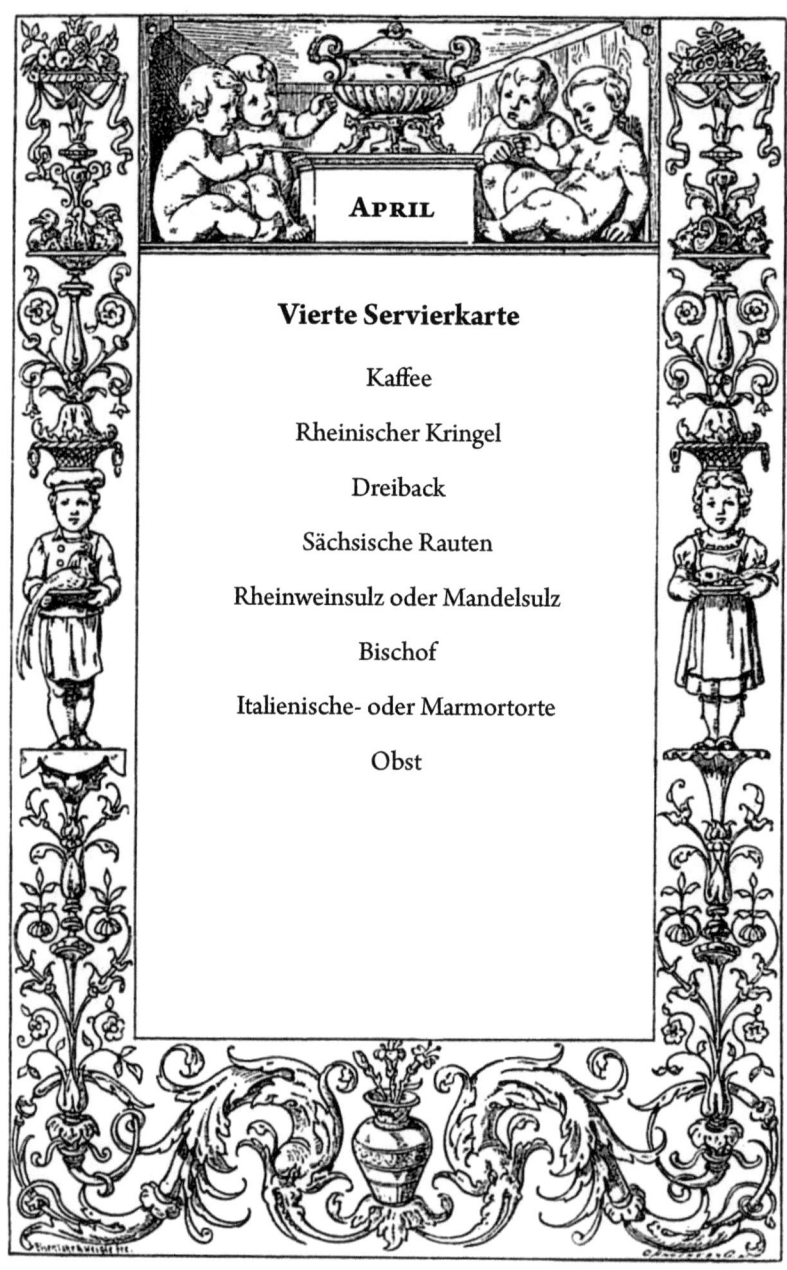

APRIL

Vierte Servierkarte

Kaffee

Rheinischer Kringel

Dreiback

Sächsische Rauten

Rheinweinsulz oder Mandelsulz

Bischof

Italienische- oder Marmortorte

Obst

Rheinischer Kringel: Man bereite aus 1 Kilo 250Gramm Mehl, 125 Gramm Butter, 125 Gramm Zucker, 45 Gramm trockener Hefe und der nötigen Milch einen etwas lockeren Teig und lasse ihn gehen; drücke ihn dann auf dem Backbrett ein wenig auseinander, sodass er stark daumendick und länglich rund ist, und begieße ihn reichlich mit zerlassener Butter; bestreue ihn mit geschnittenen Mandeln, Zucker und Zimt, 500 Gramm Rosinen, 500 Gramm Korinthen und rolle ihn der Länge nach auf, als wenn man Schneidnudeln machen wollte; lege diese Rolle nun rund zu einem Kranze, schneide diesen oben über mit einer Schere ein und gieße abermals zerlassene Butter darüber, bestreiche ihn mit Eiweiß und bestreue ihn mit grob gestoßenem Zucker.

Dreiback: Man weiche Zwieback in Milch, worin ein bis zwei Eier verklopft worden, doch dürfen sie nur durch und durch angefeuchtet und ja nicht zu weich werden, backe sie dann in einer flachen Pfanne mit heißer Butter auf beiden Seiten rasch und schön gelb, bestreue sie gleich ganz dicht mit Zucker und Zimt und serviere warm.

Dies so einfache, aber allgemein beliebte Backwerk ist besonders auch bei unerwartetem Besuch zu empfehlen und kann dann, mit Kompott oder einer Sauce dabei auch als süße Speise gegeben werden, oder man lege zwei bis drei aufeinander und streiche Marmelade oder Gelee dazwischen.

Sächsische Rauten: Man bereite aus 560 Gramm Mehl, 210 Gramm zerlassener Butter, zwei ganzen Eiern, zwei Eidottern, etwas gestoßenem Zimt und fein gewiegter Zitronenschale, drei Esslöffeln voll Hefe, etwas Salz und ¼ Liter lauwarmem Rahm einen etwas festen Hefeteig, welchen man fingerdick ausrollt Über diese Teigplatte legt man 280 Gramm etwas abgearbeitete Butter, schlägt den Teig darüber, gibt diesem, gleich einem Blätterteig, drei Touren und rollt ihn wieder fingerdick aus; schneide dreifingerbreite Streifen davon und aus diesen wieder verschobene Vierecke (R a u t e n), lege sie auf ein Backblech und bestreiche sie mit Ei, bestreue sie mit Korinthen, grob gehackten Mandeln und Grobzucker, stelle sie zum Gehen warm und backe sie langsam lichtgelb.

Rheinweinsulz: Man koche 375 Gramm Zucker zum Breitlauf und schäume ihn sehr rein ab, löse 60 Gramm Gelatine auf, die auch sehr klar sein muss, und wenn beides beinahe ausgekühlt ist, so vermische man es mit ½ Liter gutem, starkem Rheinwein, fülle es in eine Form, stelle sie in Eis und stürze sie beim Servieren.

Sehr schön ist die Rheinweinsulz mit Früchten (*Macédoine*): Man reibe dazu 4 Zitronen an 375 Gramm Zucker ab, koche ihn zum Breitlauf, vermische ihn wohl mit dem Safte der Zitronen, ¾ Liter leichtem Rheinwein und 60 Gramm Gelatine und filtriere es, bis es klar ist. Hierauf fülle man von der Sulz daumenbreit hoch in eine Form, lege, wenn sie steif ist, als erste Lage gespaltene, glasierte Maronen sternförmig ein, dann, nach einem zweiten Aufguss Sulz, schöne gelb kandierte Pomeranzenschalen zu Spalten geschnitten, wieder Sulz, zuletzt gespaltene, wohl abgetropfte, eingemachte Nüsse, und wenn hierüber die letzte Lage Sulz aufgegossen ist, so besäe man sie dicht mit länglich geschnittenen Pistazien. Sehr gut ist, wenn man in die noch lauwarme Sulz ein Glas Maraschino gießt.

Im Sommer kann man auch frische Früchte dazu benützen, je verschiedener, je besser und so viele als man nur zu gleicher Zeit haben kann, Pfirsiche, Aprikosen, Reineclauden, Zwetschen, Kirschen, Himbeeren, Erdbeeren, Ananas, Weintrauben, schäle und entsteine die vier ersten und schneide sie je nach ihrer Größe in Hälften, Viertel, Achtel; aus den Kirschen nehme man die Steine usw. und lege die Früchte nun in der vorher angegebenen Weise ein, immer verschiedene zusammen, z.B. eine Scheibe Ananas in der Mitte und rund herum Aprikosen und Kirschen; die zweite Lage dann Erdbeeren und Himbeeren und so fort; die Pistazien können wegbleiben.

Noch kann man Rheinweinsulz mit frischen Früchten in Tassen (Cremetassen) geben. Man vermische dazu Erdbeeren, Himbeeren und weiße Johannisbeeren mit 140 Gramm gestoßenem Zucker, schwinge sie leicht und übergieße sie mit etwas Zuckersirup, fülle damit die Tassen dreiviertel voll, grabe sie in Eis und fülle sie mit der dickfließenden, zu Sulzen anfangenden Rheinweinsulz vollends an, stelle, wenn sie gekocht ist, die Tassen über eine Serviette auf eine flache Schüssel und lege Teelöffel dazu.

Mandelsulz (*Blanc-manger*): Man lege 280 Gramm süße und 35 Gramm bittere abgebrühte, ausgesuchte Mandeln eine halbe Stunde in frisches Wasser. seihe dann dies ab und reibe oder stoße sie mit etwas Milch, damit sie nicht ölig werden, fein; verrühre sie mit einem Liter kochender Milch und presse sie, wenn die Milch halb ausgekühlt ist, durch eine rein ausgewaschene, geruchslose Serviette. Die in der Serviette zurückgebliebenen Mandeln werden nochmals mit ¼ Liter kochender Milch verrührt und zu der ersten Mandelmilch gepresst. Ferner schneide man 52 Gramm beste Hausenblase in kleine Stückchen, wasche sie rein und lasse sie mit ¼ Liter Wasser langsam gut auskochen und bis zur Hälfte einkochen, verrühre die noch lauwarme Mandelmilch nebst 280 Gramm gestoßenem Zucker wohl damit und seihe es zur Vorsicht, dass es ganz reine werden, nochmals durch. Hierauf wird eine sehr reine Form mit einem reinen Tuche noch sorgsam ausgewischt, denn die Mandelsulz fordert die größte »Reinlichkeit«, mit Mandelöl ausgestrichen und in gestoßenes, nicht gesalzenes Eis gegraben, mit der Sulz gefüllt, zugedeckt, etwas Eis auch auf den Deckel getan und an einen kalten Ort gestellt. Beim Anrichten trocknet man die aus dem Eis genommene Form mit einem Tuche ab und macht die Sulz mit dem Finger von der Seite etwas los, stürzt über die Form die dazu bestimmte Schale und wendet sie mit der Form um, sodass diese in der Schale steht, worauf man die Form noch leicht rüttelt, langsam von der Sulz abhebt und diese sogleich weiß und schön und fein elastisch zitternd, serviert.

Bischof: Man schäle 4 bis 6 mittelgroße, bittere Orangen so fein, dass die kleinen Saftaugen nur zerschnitten sind, lege Früchte und Schalen in eine Terrine, gieße eine Flasche Rotwein darauf und lasse es zugedeckt eine Stunde stehen; nehme nun die Früchte heraus (die Schalen bleiben darin) und füge 500 Gramm Zucker in Stücken, einige Stückchen feinsten Zimt, 6 Gewürznelken und noch 2 Flaschen Rotwein hinzu. So bleibt der Bischof zugedeckt über Nacht stehen und wird dann durch ein Sieb und in Flaschen gegossen; er kann nach Belieben auch aufbewahrt werden. Wenn Damen von diesem Bischof mittrinken sollen, so ist ein Zusatz von ¾ Liter Wasser zu empfehlen und auch dann hält er sich ganz gut.

Italienische- oder Marmortorte: Man verrühre 6 Eidotter, 6 Esslöffel guten, sauren Rahm und 6 Esslöffel fein gestoßenen Zucker in einer Schüssel und arbeite dann so viel feines Mehl hinein, dass es einen lockern Teig gibt, den man fingerdick aus-rollt, in kleine, viereckige Stückchen schneidet und in voller Schmelzbutter goldgelb ausbackt.

Dann läutere man 375 Gramm Zucker mit etwas Wasser nach kurzer Fadenart, tue 250 Gramm Mandeln und 125 Gramm Sukkade, beides länglich geschnitten, die fein gehackte Schale von 2 Zitronen, 30 Gramm gröblich gestoßenen Zimt und die gebackenen Teigstückchen hinein und menge es in der Kasserolle rasch untereinander, sodass alles mit dem Zucker angefeuchtet wird, ehe es erkaltet, drücke nun die noch warme Masse sogleich in eine mit Zuckerwasser bestrichene Form fest ein und stelle sie, wenigstens einige Stunden lang, an einen kalten Ort. Beim Ausnehmen der Torte taucht man die Form einen Augenblick in heißes Wasser, stürzt sie und garniert sie vor dem Servieren mit kleinen, weißen Tragantfigürchen.

MAI

Fünfte Servierkarte

Kaffee

Pottkuchen

Plinsen

Butterlaibchen

Rahmschnee oder Heidegrütze mir Rahmschnee

Maibowle

Pfundtorte

Obst

Pottkuchen: Man nehme 500 Gramm Mehl, 125 Gramm Butter, 3 Esslöffel Zucker, etwas Muskatblüte, 6 Eier, für 12 Pfennig trockene Hefe und die nötige warme Milch und menge dies zu einem ziemlich steifen Teig, wie man Weißbrot anmengt. Die Hefe lässt man, mit etwas lauwarmer Milch übergossen, auf dem Herde ziehen und in der Milch, die man zum Anmengen braucht, die Butter zergehen; gebe den Teig dann in eine mit Butter bestrichene und mit Zwieback bestreute Form, lasse ihn gehen und backe den Kuchen langsam eine Stunde lang. Man kann auch noch 60 Gramm Rosinen ohne Kerne und 60 Gramm Korinthen dazu tun, aber der sehr gute Kuchen wird dann nicht so locker.

Plinsen: Man rühre 4 ganze Eier und 3 Dotter recht kräftig und dann einen Esslöffel Mehl, eine Prise Salz und ¼ Liter süßen Rahm daran, lasse in einem eisernen Eierkuchenpfännchen Butter heiß werden und gieße einen dünnen Kuchen auf, backe ihn nur auf einer Seite, bestreue ihn mit Korinthen und rolle ihn zusammen, fahre so mit dem Backen fort, lege die Plinsen neben- und übereinander, bestreue sie mit Zucker und Zimt und serviere so warm wie möglich. Statt sie mit Korinthen zu bestreuen, kann man sie mit Zucker besieben und Zitronensaft darauf pressen und sie werden dann bloß mit Zucker bestreut.

Butterlaibchen: Man rühre 280 Gramm Butter eine halbe Stunde lang schaumig ab, dann nach und nach 8 ganze Eier und 6 Eidotter dazu und hierauf 350 Gramm feinstes gesiebtes Mehl, etwas Salz, 4 Esslöffel voll Hefe und 70 Gramm Zucker darunter, schlage es fein ab und gebe zuletzt den steifen Schnee von 6 Eiweiß dazu. Nun streiche man kleine, runde Blechförmchen mit Butter aus, fülle sie mit dem Teig halb an und stelle sie zum Aufgehen an einen warmen Ort, und wenn sich dann die Förmchen gefüllt haben, so backe man die Butterlaibchen zu schöner lichter Farbe, stürze sie auf ein Sieb und bestäube sie mit Vanillezucker.

Rahmschnee (geschlagener Rahm): Man muss zu dieser vortrefflichen, erfrischenden Speise sehr guten, dicken, süßen Rahm von nur einem Tage haben und ihn sehr vorsichtig abnehmen, dass keine Milch darunter komme, worauf man ihn eine Stunde lang in Eis stellt. Dann wird er mit einer Schneerute kräftig geschlagen, nach einigen Minuten der oberste Schaum mit einem Schaumlöffel abgenommen und auf ein umgestürztes Sieb, welches über eine Schüssel gestellt worden, getan, und so wird fortgefahren, bis der ganze Rahm, zu dem man auch den vom Sieb abgeflossenen wieder nimmt, zu Schaum geschlagen ist. Wenn der Nahm aber sehr gut ist, so lässt er sich auf das erste Mal so fest schlagen, dass es nicht nötig wird, ihn abzuheben; sollte dagegen der Rahm nicht so ganz nach Wunsch sein, so kann man ihn mit einer Prise pulverisiertem Tragantgummi vermischen, welches das Schlagen erleichtert.

Der geschlagene Rahm wird dann in eine der folgenden Zutaten (auf ein Liter Rahm berechnet) durch leichtes Rühren nach und nach gemengt, pyramidenförmig angerichtet und mit kleinem, leichten Backwerk umlegt oder solches dazu serviert.

Auch kann man den Rahmschnee in Tassen, recht gehäuft, servieren und das Backwerk dazu reichen lassen.

Rahmschnee mit Vanille: Man schneide eine Stange Vanille in Stückchen, trockne sie auf einem Bogen Papier, stoße sie mit 210 Gramm Zucker und gebe es durch ein Haarsieb; dazu: Hohlhippen, Oblaten, Dütchen (ungefüllt) und dergleichen.

Mit Orangenblüte: Man stoße zwei Esslöffel kandierte Orangeblüte mit 250 Gramm Zucker und siebe es durch; umlege den Rahmschnee mit eingezuckerten, frischen Apfelsinenschnitzen und serviere Backwerk, wie oben, dazu.

Mit Schokolade: Man mische 250 Gramm geriebene Schokolade nebst 125 Gramm gesiebtem Zucker unter den Rahmschnee und umlege ihn mit Schokoladekonfekt.

Mit Aprikosenmarmelade: Man verrühre acht Esslöffel Aprikosenmarmelade mit 210 Gramm gesiebtem Zucker und umlege den damit vermischten Rahmschnee mit kleinen Baisers.

Mit Johannisbeergelee: Ebenso, doch kann man in der Johannisbeersaison den Rahmschnee auch mit einem Kranze von überzuckerten Johannisbeeren (s. Verschiedenes) umlegen und feines Backwerk dazu servieren.

Mit frischen Himbeeren: Man treibe einen Teller voll davon durch ein Sieb und rühre dies mit 210 Gramm gesiebtem Zucker ab, mit kleinen Baisers umlegt.

Mit frischen Walderdbeeren: Ebenso, aber nach Belieben mit überzuckerten, ausgesucht schönen Gartenerdbeeren umlegt und Backwerk dazu gereicht.

Mit frischen Aprikosen: Wie von Aprikosenmarmelade, nur dass man frische, recht reife, entkernte Aprikosen durch ein Sieb streicht und auf zwölf Aprikosen 180 Gramm gesiebten Zucker nimmt.

Man kann den Rahmschnee aber auch ganz einfach bereiten, indem man ihm gleich beim Schlagen Zucker mit etwas Vanille gestoßen beifügt und ihn dann auch mit Backwerk serviert oder als Sauce oder zum Füllen in Pudding in Ringform benutzt.

Heidegrütze mit Rahmschnee: Man koche anderthalb Tassen Heidegrütze (Buchweizengrütze) mit einem Liter guter Milch, 60 Gramm Zucker und einer halben Schote Vanille recht dick, streiche es, wenn es verkühlt ist, durch ein recht grobes Sieb mit runden Löchern, richte es locker und bergartig an und umgebe es, völlig erkaltet, mit einem Liter Rahmschnee, der mit 125 Gramm gestoßenem Zucker und einer halben Schote Vanille vermischt worden.

Statt Heidegrütze kann man, wo diese nicht zu haben wäre, allenfalls Grießmehl nehmen, doch geht dann das Eigentümliche dieser Speise, welche ein Lieblingsgericht von König Friedrich Wilhelm IV. war, verloren.

Maibowle (Maiwein, Maitrank): Die Maibowle, wie sie jetzt allgemein nur aus Waldmeister bereitet wird, ist auch allgemein so bekannt, dass ein Rezept dazu nicht mehr nötig ist, aber der echte, alte, würzige, rheinische Maitrank scheint ganz in Vergessenheit zu geraten und ich will daher das g a n z e c h t e Rezept hier mitteilen.

Man nehme zu sechs Flaschen weißem Wein zwei Handvoll Blätter von schwarzen Johannisbeeren, eine viertelhandvoll edle Melisse, zehn Blätter Krauseminze, vier Blätter Pfefferminze, eine Prise Eberraute , eine Prise edlen Salbei, alles möglichst jung und zart, eine zu Scheiben geschnittene Zitrone und 500 Gramm Zucker in Stücken, lasse es eine Stunde ziehen und streue einige Apfelblüten darauf.

Pfundtorte: Man nehme 500 Gramm feinstes Weizenmehl, 500 Gramm ungesalzene Butter, 500 Gramm Zucker, 15 Gramm Zimt, 12 Gramm Gewürznelken, 125 Gramm Sukkade, in feine Stückchen geschnitten, Zucker und Gewürz, fein gestoßen, 8 Eier, 8 Eidotter; rühre die Butter zu Schaum und dann nach und nach Eier und Eidotter und löffelweise das Übrige dazu, sodass alles zusammen aufgeht, gebe es in eine Form mit

Dille (Rohr) und lasse es bei mäßiger Hitze eine bis anderthalb Stunden backen. – Sehr kräftig und haltbar. –

JUNI

Sechste Servierkarte

Kaffee

Braunschweiger Kuchen

Hefe-Brezeln

Spritz-Küchlein

Johannisbeer-Creme mit Kapsel-Biskuit oder
Erdbeer-Kompott mit Vanille-Hohlhippen

Kalter Eierwein

Kirschen-Torte

Obst

Braunschweiger Kuchen: Man nehme ½ Kilo feines Mehl auf das Backbrett, mache in die Mitte eine Grube und zupfe 180 Gramm frische Butter hinein; füge ⅜ Liter Milch, drei ganze Eier, 30 Gramm gestoßenen Zucker, das Abgeriebene einer halben Zitrone, etwas Muskatnuss und zwei Esslöffel gute Hefe hinzu, verarbeite dies zu einem Teige und arbeite zuletzt noch ⅛ Kilo Korinthen hinein; rolle nun den Teig kleinfingerdick aus, lege um den Rand große Rosinen und schlage den Teig darüber her, dass rund um den Kuchen wie ein Wulst entsteht, und dann wird durch die Länge des Kuchens der Teig in erhabenen Streifen mit den Fingern gezwickt, sodass jeder Streifen zwei Querfinger breit vom andern zu stehen kommt, und der Kuchen an einem mäßig warmen Orte zum Gehen gestellt. Vor dem Backen begieße man ihn reichlich mit zerlassener Butter, bestreue ihn stark mit Zucker und Zimt und backe ihn eine gute Stunde lang bei mittelmäßiger Hitze. – Sehr gut.

Hefe-Brezeln: Man siebe 560 Gramm feines Mehl in eine irdene Schüssel und mache in die Mitte eine Vertiefung, in welche man vier Esslöffel Hefe und eine Tasse lauwarme Milch gibt, davon mit etwas von dem Mehl einen Vorteig anrührt, denselben dann mit Mehl bestäubt und zum Gehen an die Wärme stellt. Nach dem Gehen fügt man noch einen Teelöffel Salz, einen Esslöffel Zucker und so viel kalten Rahm dazu, dass man einen etwas festen Teig machen könne, den man auf das Backbrett nimmt, auseinander drückt, mit 210 Gramm fester, sehr frischer Butter belegt und zusammen zu einem zarten feinen Teige abknetet, bis er sich von den Händen und dem-Backbrett löst, hierauf zu einem runden Stück zusammen arbeitet, mit einem erwärmten Tuche überdeckt und eine Viertelstunde stehen lässt. Nun formt man Brezeln beliebiger Größe daraus, legt sie auf ein mit Mehl bestäubtes Backblech und lässt sie, zugedeckt, abermals gehen, bestreicht sie danach mit Ei und backt sie in ziemlich heißem Ofen zu schöner, lichtbrauner Farbe. – Sehr gut

Spritz-Küchlein (Strauben): Man vermische ¼ Kilo feines Mehl mit 125 Gramm gestoßenem Zucker und ein wenig Salz, rühre es mit weißem Wein fein ab, das Weiße von acht Eiern nach und nach darunter und noch so viel weißen Wein dazu, dass die Masse durch einen Trichter laufen kann. Man hat dazu besondere Trichter mit drei Löchern und einem langen Stiel, doch ist auch ein gewöhnlicher Trichter brauchbar. Man setze ein kleines Pfännchen mit Schmelzbutter aufs Feuer und lasse, wenn sie heiß ist, den Teig so einlaufen, dass die ganze Oberfläche bedeckt ist und das Küchlein genau zusammen hält; ist es auf einer Seite lichtgelb gebacken, so wende man es mit dem Schaumlöffel um und backe es auf der andern Seite ebenso, nehme es dann heraus und biege es über ein Rollholz, bis es ganz kalt ist; bestäube sie, wenn alle gebacken sind, mit gestoßenem Zucker und richte sie pyramidenförmig, die gebogene Seite nach oben, an.

Johannisbeer-Creme: Man koche ⅜ Liter Saft von frischen, roten Johannisbeeren mit 180 Gramm Zucker und rühre dann sieben Eidotter daran, und sowie es aufkocht, setze man es ab und gebe den Schnee von vier Eiweiß darunter, rühre es, bis es erkaltet ist, und serviert am besten in Punschgläsern oder einer Glasschale, mit K a p s e l - B i s k u i t dabei.

Man kann sie auch aus Johannisbeer-Gelee bereiten, die man auf dem Feuer zergehen lässt, natürlich dann ohne Zucker.

Kapsel-Biskuit: Man schlage das Weiße von zehn Eiern zu Schnee, tue das Gelbe von diesen zehn Eiern nebst 280 Gramm fein gesiebtem Zucker dazu und schlage es auf gelindem Kohlenfeuer, bis die Masse dick ist, nimmt sie dann vom Feuer und schlägt sie wieder ganz kalt; rührt 280 Gramm feines Mehl hinein und füllt es in kleine, viereckige, mit Butter ausgestrichene Papierkapseln, besiebt sie oben mit Zucker und backt sie langsam lichtgelb. Nach dem Backen werden sie, wenn sie halb ausgekühlt sind, aus dem Papier genommen und dann, bis sie ganz kalt sind, auf ein Haarsieb gelegt.

Erdbeer-Kompott: Man suche die schönsten Erdbeeren aus, etwa einen Teller voll, nehme dann auch einen guten Teller voll von den weniger schönen, verrühre sie mit dem Safte einer halben Zitrone und zwei Esslöffeln Johannisbeer-Gelee ganz klein und füge 150 Gramm fein gestoßenen Zucker hinzu, streiche es durch ein Sieb, dass die Kerne zurück bleiben, und tue es in die Kompottschale; wasche nun die ausgesuchten Erdbeeren, wende sie in gesiebtem Zucker um und lege sie auf die durchgestrichene Masse. Va n i l l e - H o h l h i p p e n dazu.

Vanille-Hohlhippen: Man stoße 280 Gramm Zucker mit einer Stange Vanille und gebe es durch ein Sieb, füge 280 Gramm fein gesiebtes Auszugmehl hinzu, und wenn dies mit vier ganzen Eiern und vier Eidottern schaumig abgerührt ist, 70 Gramm zerlassene Butter, ein Stäubchen Salz und nach und nach so viel süßen Rahm, bis der Teig leichtflüssig vom Löffel rinnt, worauf man die Hohlhippen wie gewöhnlich backt.

Kalter Eierwein (Whip): Man verrühre zu je ¼ Liter weißem Wein, am besten Champagner, zwei ganz frische Eidotter mit einem Esslöffel fein geriebenem Zucker recht schaumig, gebe nach und nach, stets rührend, den Wein dazu und serviere gleich in großen Gläsern.

Kirschen-Torte: Man rühre acht Eier mit ¼ Kilo gesiebtem Zucker eine halbe Stunde, reibe 125 Gramm Schwarzbrot, Rinde und Inneres, feuchte es mit ein paar Esslöffeln Wein an und rühre dies nebst 125 Gramm abgezogenen und klein gestoßenen Mandeln mit den Eiern noch eine Viertelstunde, gebe dann 7 Gramm gestoßenen Zimt, 30 Gramm Sukkade und die Schale einer Zitrone, beides fein geschnitten, dazu, bestreiche eine Schneckenform oder in deren Ermangelung auch eine andre dick mit 125 Gramm Butter und bestreue sie stark mit Zwieback, tue ein Kilo schöne, ausgekernte Kirschen in die Masse, fülle diese gleich in die Form und bringe sie schnell in den Backofen, ehe die Kirschen sich setzen können.

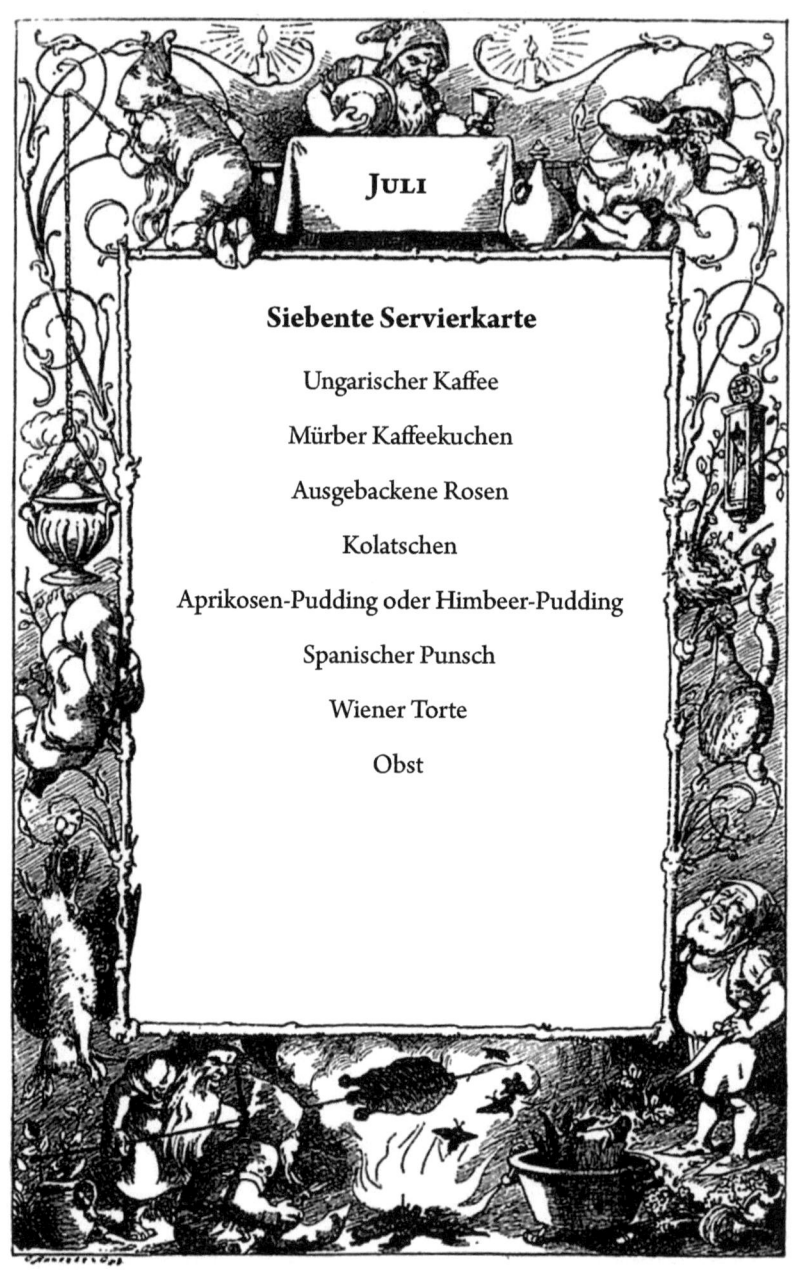

JULI

Siebente Servierkarte

Ungarischer Kaffee

Mürber Kaffeekuchen

Ausgebackene Rosen

Kolatschen

Aprikosen-Pudding oder Himbeer-Pudding

Spanischer Punsch

Wiener Torte

Obst

Ungarischer Kaffee (*Café à la Glace*): Man bereite von ¼ Kilo frisch gebrannten, sehr guten Kaffeebohnen ½ Liter Kaffee, den man nach Geschmack mit Zucker versüßt und in Eis recht kalt werden lässt. Dann wird ein Liter guter süßer Rahm mit ⅛ Kilo Zucker vermengt, schaumig geschlagen, kurz vor dem Anrichten unter den Kaffee eingerührt und in Gläsern serviert. – Sehr erfrischend und belebend.

Mürber Kaffeekuchen: Man rühre 375 Gramm Butter zu Schaum, dann drei ganze Eier, drei Dotter, 225 Gramm Zucker, 375 Gramm feines Mehl und die abgeriebene Schale einer Zitrone dazu und rühre es hierauf noch eine ganze Stunde, wonach man für zwölf Pfennig Hirschhornsalz recht gut darunter rührt und den Teig fingerdick auf ein mit Butter bepinseltes Backblech streicht, dick mit Zucker und gehackten Mandeln bestreut und bei guter Hitze backt.

Ausgebackene Rosen: Man rühre vier Eier, vier Esslöffel voll süßen Rahm, zwei Esslöffel voll Rosenwasser, einen Esslöffel voll gesiebten Zucker und 60 Gramm Butter kräftig untereinander und arbeite dann so viel Mehl hinein, dass man den Teig gut ausrollen könne, rolle ihn aus und überschlage ihn einmal, wie Blätterteig, worauf man ihn zum zweiten Mal ganz dünn ausrollt und mit einem Ausstecher in Rosenform aussticht oder in dessen Ermangelung nach einer Form, die man aus steifem Papier macht, ausschneidet. Vier bis fünf von diesen Stücken, die man in der Mitte ein wenig mit Ei bestrichen hat, werden nun aufeinander gelegt und auf das letzte drückt man ein wenig·in die Mitte, sticht mit einem Fingerhut oder kleinen Ausstecher durch, backt sie in voller Schmelzbutter, am besten in einem kleinen Kaffeeröllchen, nicht viel größer als eine der Rosen, schön gelb und bestreut sie gleich mit Zucker und Zimt; man kann auch, eben vor dem Servieren, noch eine eingemachte Kirsche hineinlegen. Der Teig muss nach dem Ausrollen ziemlich trocken sein, damit die Blätter nicht aufeinander kleben.

Kolatschen: Man bereite einen Teig wie zu dem Zimtkuchen, schlage ihn so lange, bis er sich vom Löffel löst und feine Blasen macht, und stelle ihn, mit einem erwärmten Tuche bedeckt, zum Gehen warm; drehe dann in der Hand eigroße, runde, recht glatte Kuchen daraus, lege sie auf ein erwärmtes Backblech und lasse sie abermals gehen; bestreiche sie mit Ei, bestreue sie mit Hagelzucker und backe sie lichtbraun.

Aprikosen-Pudding: Man bereite ½ Liter Mandelmilch, treibe neun recht reife, entkernte Aprikosen durch ein feines Haarsieb und verrühre sie gut mit 210 Gramm gestoßenem Zucker, wonach man die Mandelmilch nebst 50 Gramm Hausenblase dazu gibt und alles zusammen abermals gut verrührt. Wenn die Masse zu sulzen beginnen will, so wird schnell ein Suppenteller voll Rahmschnee darunter gerührt, die Masse in eine Form gefüllt und in Eis gestellt. Beim Gebrauche wird die Form in warmes Wasser getaucht, der Pudding auf eine flache Schüssel gestürzt und nach Belieben mit feinem Backwerk garniert.

Um die Mandelmilch zu bereiten, stoße man 140 Gramm abgezogene süße und 8 Gramm abgezogene bittere Mandeln mit Wasser sehr fein, rühre dann nach und nach ¾ Liter kaltes Wasser daran und lasse es eine Weile stehen, presse es nun durch eine sehr reine, gut ausgewässerte Serviette, verrühre die Mandeln wieder mit etwas Wasser und presse auch dies aus, worauf man es mit 140 Gramm fein gestoßenem Zucker wohl verrührt und nochmals durchseiht.

Himbeer-Pudding: Man treibe ein Liter schöne, reife Himbeeren durch ein Haarsieb in eine Schale, verrühre sie mit 280 Gramm gestoßenem Zucker und 35 Gramm Hausenblase recht kräftig, stelle es dann auf Eis und fahre mit dem Rühren fort, bis die Himbeeren anfangen sich zu verdicken; ziehe nun ½ Liter fest geschlagenen Rahmschnee darunter und fülle es in eine Form, setze sie in Eis und stütze und garniere den Pudding wie den Aprikosen-Pudding.

Spanischer Punsch (*Esponjado*): Man koche ein Kilo Zucker in einem Liter Wasser zur kleinen Perle, gieße es über die Schale von drei aufs Feinste abgeschälten Orangen, decke es fest zu und lasse es eine Stunde stehen; gebe es dann durch ein Sieb, nebst dem Safte von vier Zitronen in eine Gefrierbüchse und stelle es auf Eis; füge kurz vor dem Servieren noch das Weiße von sechs sehr frischen Eiern hinzu und schlage nun das Ganze mit der Schneerute recht kräftig, bis es durchweg schaumig ist, tue zuletzt, unter fortwährendem Schlagen, sechs Likörgläschen feinsten Rum hinein und serviere sofort in gehäuft angefüllten Champagnergläsern.

Wiener Torte: Man gebe 420 Gramm fein gesiebten Zucker, das fein abgeriebene Gelbe einer Zitrone und einen halben Teelöffel Zimt in eine irdene Schüssel, schlage nach und nach sechs Eier und sechs Eidotter dazu und rühre es eine halbe Stunde lang recht schaumig. Unterdessen werden 420 Gramm sehr frische, ungesalzene Butter geklärt, abgeseiht und nebst 480 Gramm feinstem, gesiebtem Mehl unter die Masse gerührt, welches sehr achtsam geschehen muss, damit die Butter nicht zu heiß, sondern nur warm sei und langsam mit dem Mehl untergerührt werde, sonst wird die Masse leicht bröckelig; zuletzt zieht man den steifen Schnee von sechs Eiweiß darunter, streicht drei gleiche, federkieldicke, runde Platten auf Backbleche und backt sie bei mittlerer Hitze schön lichtbraun; löst sie dann gleich mit einem dünnen, langen Messer vom Bleche ab und bestreicht zwei dieser Platten, wenn sie kalt sind, mit zweierlei Eingemachtem, eine z.B. mit Aprikosen-Marmelade und die andre mit Johannisbeer-Gelee, besonders von weißen Johannisbeeren, legt sie übereinander und glasiert die obere Seite mit einer Zitronenglasur, zu welcher man 140 Gramm fein gesiebten Zucker mit zwei Eiweiß wohl verrührt und während des Rührens etwas Zitronensaft dazu presst.

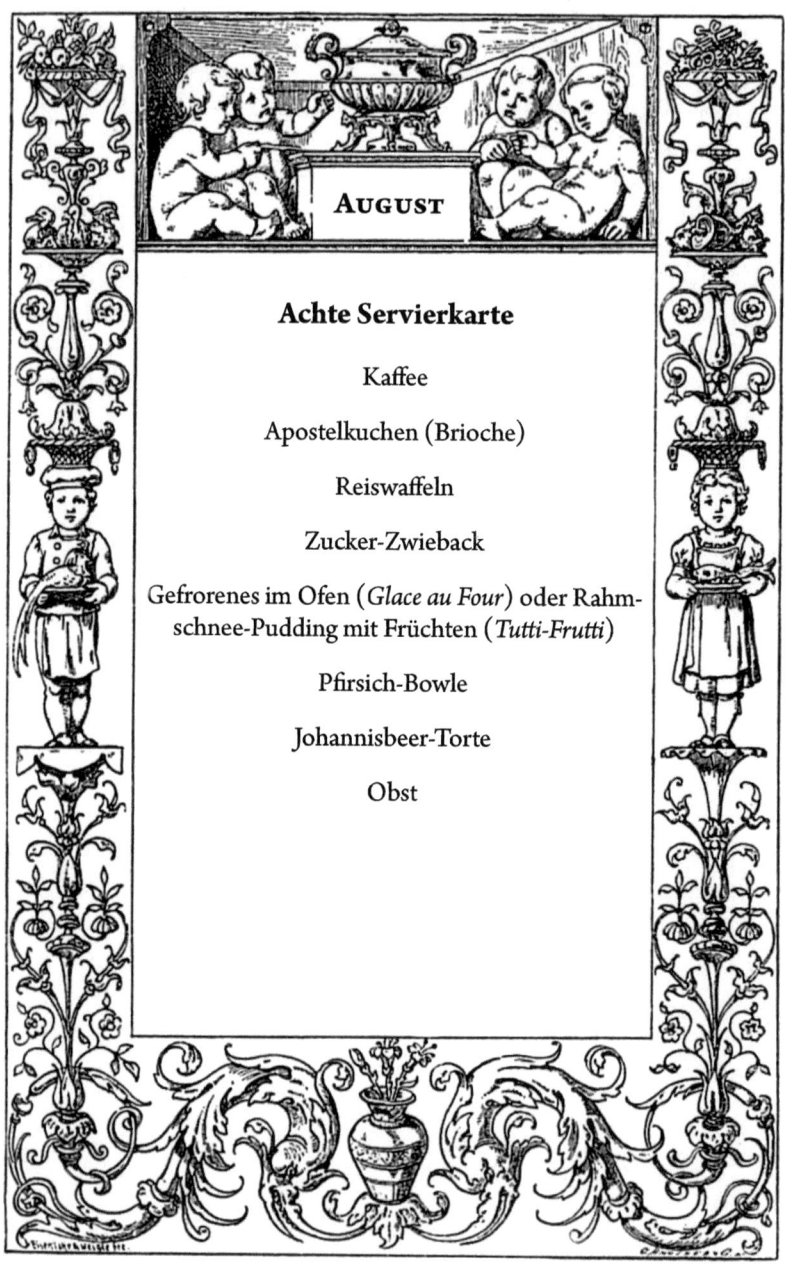

AUGUST

Achte Servierkarte

Kaffee

Apostelkuchen (Brioche)

Reiswaffeln

Zucker-Zwieback

Gefrorenes im Ofen (*Glace au Four*) oder Rahmschnee-Pudding mit Früchten (*Tutti-Frutti*)

Pfirsich-Bowle

Johannisbeer-Torte

Obst

Apostelkuchen (**Brioche**): Man siebe 1 Kilo feinstes, trockenes Mehl über das Backbrett, tue den vierten Teil davon in eine Schüssel und menge es mit sechs Esslöffeln Hefe und etwa ebenso viel lauwarmem Wasser zu einem leichten Vorteig, bestäube ihn mit Mehl und stelle ihn zum Gehen warm, und zwar so lange, bis er wieder zu sinken anfängt. Das übrige Mehl macht man zusammen und in die Mitte eine Grube, in welche man 1¼ Kilo in kleine Stückchen zerpflückte Butter, sechzehn Eier, zwei Teelöffel Salz, zwei Esslöffel gestoßenen Zucker (sehr gut ist Vanillezucker) und ein Glas süßen Rahm gibt und die Masse über dem Backbrett zu einem feinen, zarten Teig abarbeitet, dann den Vorteig darauf tut, den Teig in Stücken abreißt und über den Vorteig wirft und das Ganze nun mit den Ballen der Hände nochmals fein abarbeitet, bis der Teig feine Blasen macht, sich von den Händen und dem Backbrett ablöst und ein feines, zartes Ansehen hat, worauf er zu einem Ballen zusammengenommen, in eine mit Mehl bestreute Schüssel getan, mit Mehl überstäubt, mit einer Serviette zugedeckt und über Nacht an einen recht kalten Ort gestellt wird. Am andern Tage, wenn der Kuchen gebacken werden soll, nimmt man den Teig wieder auf das mit Mehl bestäubte Backbrett, drückt ihn mit der Hand etwas flach und formt daraus einen runden Ballen, den man wieder in die Schüssel gibt, zudeckt und noch eine Weile kalt stellt, bis das gehörig geheizte Backrohr die nötige, jedoch nicht zu starke Hitze hat. Der Teig wird nun abermals auf das Backbrett genommen, der vierte, Teil davon mit der Hand abgedrückt und das große Stück zu einem runden, glatten, hohen Kuchen zusammengedreht, welchen man über zwei mit Butter bestrichene Bogen Papier stellt, in der Mitte vermittelst einer Zitrone eine Vertiefung eindrückt und diese mit Ei bestreicht. Den kleinen Teigteil dreht man dann in der Hand rund und auf einer Seite in eine Spitze, die man in die Vertiefung einsetzt, bestreicht den ganzen Kuchen mit verklopftem Ei und macht rund herum, von unten bis zum Knopfe, in zwei Querfinger breiter Entfernung schräge, gegen den Knopf zulaufende, messerrückentiefe Einschnitte. Dann wird ein vier Querfinger hohes Papierband mit Kleister zusammengemacht, innen gut mit Butter bestrichen und fest herumgesetzt, der Kuchen auf das Backblech gezogen und gleich in das Backrohr gestellt, welches zu Anfang, während der Kuchen in die Höhe treibt, durchaus nicht geöffnet werden darf, aber wenn hernach der Knopf sich zu färben beginnt, so muss man den Kuchen gleich mit einem Bogen Papier bedecken. Er braucht fünf Viertelstunden zum Garbacken und muss dann noch einmal so hoch geworden und im Verhältnis zu seiner Größe sehr leicht sein, von glänzend lichtbrauner Farbe und croquanter Kruste. Zum Erkalten wird er über ein Haarsieb gelegt.

Reiswaffeln: Man koche ¼ Kilo blanchierten Reis mit ¾ Liter Milch recht weich und dick, bestreue ihn mit Zucker und Zimt und lasse ihn erkalten; rühre dann acht Eier und ein bis zwei geriebene Weißbrötchen oder gestoßenen Zwieback daran, backe es im Waffeleisen goldgelb und bestreue sie mit Zucker und Zimt.

Zucker-Zwieback: Man bereite von ½ Kilo feinstem Mehl, 180 Gramm frischer Butter, 180 Gramm Zucker, sechs Eidottern, zwei ganzen Eiern, etwas Salz, vier Esslöffeln Hefe und dem nötigen lauwarmen, süßen Rahm einen feinen, aber etwas festen Teig, forme runde Brötchen daraus, setze sie auf ein erwärmtes, mit Mehl bestreutes Backblech und stelle sie zugedeckt an einen warmen Ort zum Gehen. Dann werden sie lichtbraun gebacken und, wenn sie kalt sind, mit einem scharfen Messer halbiert. Nun kocht man ¼ Kilo Zucker mit einer Tasse Wasser auf, verklopft zwei Eier, gießt den Sirup dazu, verrührt es wohl zusammen und bestreicht die Brötchen auf der weißen Seite mittels eines Pinsels damit, legt sie auf ein Backblech und röstet sie bei schneller Hitze.

Gefrorenes im Ofen (*Glace au Four*): Man schlage fünf Eiweiß zu steifem Schnee, ziehe dann 280 Gramm fein gesiebten Zucker langsam darunter und bestreiche mit einem Teil dieser Masse federkieldick eine tiefe Porzellanschale, doch muss ein guter Teil übrig bleiben; stelle die Schale in einen abgekühlten Ofen, und wenn die Masse langsam lichtgelb und ganz croquant gebacken ist, zum Erkalten beiseite. Hierauf wird ein Vanille-Gefrorenes in folgender Weise bereitet: Man schlägt sechzehn Eidotter in eine Kasserolle, gibt 420 Gramm gestoßenen Zucker und eine aufgeschlitzte und in Stücke geschnittene Stange Vanille dazu und rührt es zusammen gut ab; nun werden 1¼ Liter guter, süßer Rahm darunter gegossen und über schwachem Feuer, bis die Masse beinahe aufkochen will, sorgsam abgerührt, durch ein Haarsieb gegeben und mit der Schneerute kalt geschlagen; dann lässt man die Creme auf gewöhnliche Art gefrieren und arbeitet sie recht zart ab, füllt kurz vor dem Servieren das Gefrorene in die Schale und überstreicht es mit dem Rest der Schaummasse, bestäubt das Ganze gut mit fein gesiebtem Zucker und hält das glühende Glasierschäufelchen darüber, bis sich eine lichtgelbe Kruste gebildet hat; stelle die Schale über eine zierlich gefaltete Serviette auf eine flache Schüssel, lege einen silbernen Esslöffel dazu und lasse gleich servieren.

Rahmschnee-Pudding mit Früchten (*Tutti-Frutti*)**:** Man gebe geschlagenen Rahm mit Zucker und Vanille (an ein Liter Rahm eine Stange Vanille und 180 Gramm Zucker) in eine Form und lasse ihn in Eis fest werden, steche dann vorsichtig, um den Boden nicht zu berühren, Löcher hinein, fülle jedes mit einer verschiedenen, eingemachten oder auch frischen, in Zucker gekochten Frucht, streiche die Löcher wieder zu und sorge, dass die Früchte sich nicht berühren, stürze beim Gebrauche sehr vorsichtig um und serviere sofort.

Pfirsich-Bowle: Man gebe ½ Kilo gestoßenen Zucker in die Bowle, lege fünf bis sechs geschälte und zu feinen Scheibchen geschnittene Pfirsiche darüber, decke es zu und lasse es so mehrere Stunden, wenigstens aber eine Stunde stehen. Kurz vor dem Gebrauche gieße man dann zwei Flaschen guten, weißen Wein und eine Flasche Rotwein hinein und stelle die Bowle in Eis. Will man eine Flasche Champagner hinzufügen, so gieße man ihn eben vor dem Servieren, meistens an der Tafel selbst, recht kalt dazu und lasse eine Flasche weißen Wein dafür weg.

Johannisbeer-Torte: Man vermische ¾ Liter frische Johannisbeeren mit 90 Gramm gestoßenem Zucker und stelle sie beiseite, bestreiche eine Tortenform leicht mit Butter und belege sie mit Blätter- oder mürbem Teige, rühre dann ¼ Kilo abgezogene, fein gestoßene Mandeln mit ¼ Kilo fein gesiebtem Zucker und dem Schnee von acht Eiweiß eine Viertelstunde, fülle die Hälfte dieser Masse in die Form, lege die Johannisbeeren darauf, gieße den Rest der Masse darüber und backe die Torte in einem abgekühlten Ofen.

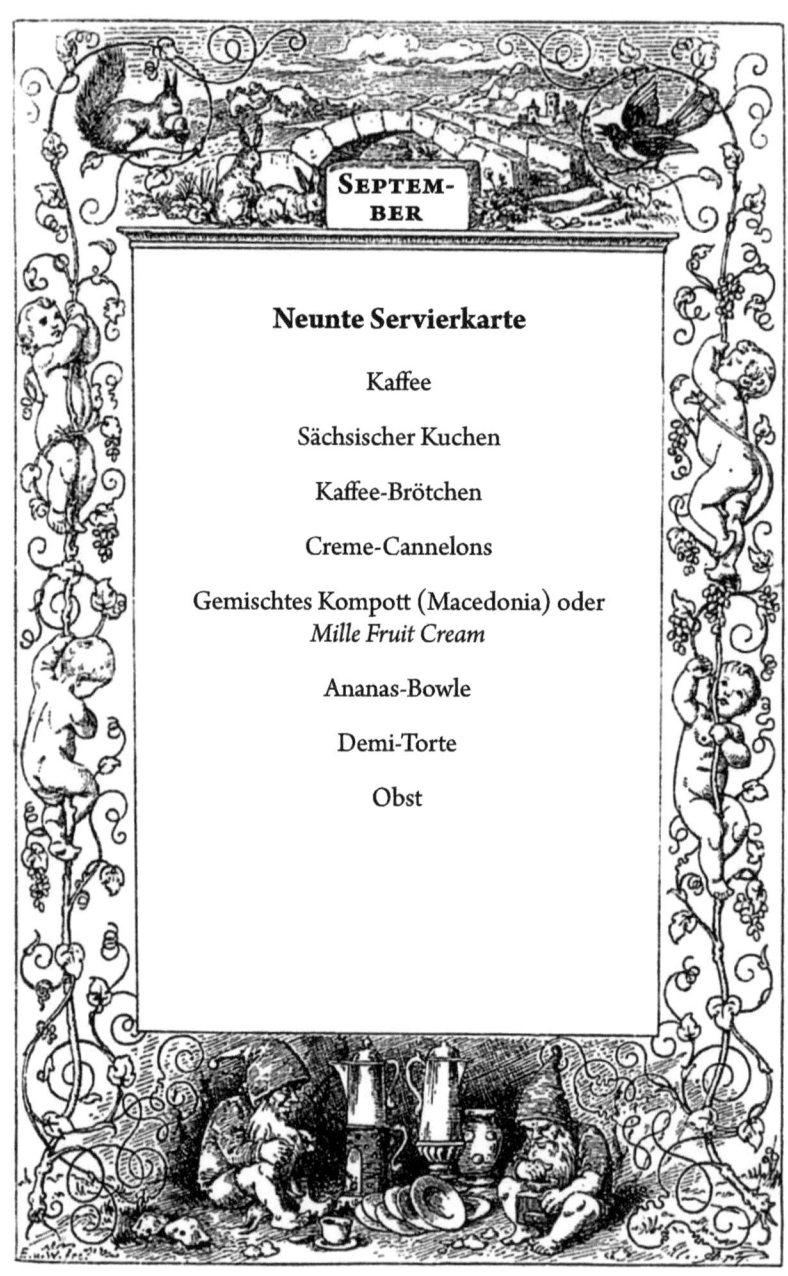

SEPTEM-BER

Neunte Servierkarte

Kaffee

Sächsischer Kuchen

Kaffee-Brötchen

Creme-Cannelons

Gemischtes Kompott (Macedonia) oder
Mille Fruit Cream

Ananas-Bowle

Demi-Torte

Obst

Sächsischer Kuchen: Man rühre 280 Gramm sehr frische Butter schaumig, schlage nach und nach sechs ganze Eier und sechs Eidotter daran und tue 105 Gramm Vanillezucker und ein wenig Salz dazu. Dann siebe man in eine-irdene Schüssel 560 Gramm feinstes Mehl, mache in die Mitte eine Grube, gebe vier Esslöffel Hefe hinein und setze mit einer Tasse lauwarmer Milch und etwas von dem Mehl-einen Vorteig an, den man mit Mehl überstäubt, zudeckt und zum Gehen an einen warmen Ort stellt, wonach man die Butter hinzufügt und so viel lauwarmen süßen Rahm, dass es einen zarten Teig gibt, welcher mit dem Kochlöffel in der Schüssel so lange fein abgeschlagen wird, bis er Blasen macht. Unter diesen Teig werden nun 140 Gramm Korinthen und 140 Gramm Sultaninen gemengt und mit demselben eine handhohe, glatte, mit Butter gut ausgestrichene Blechform, welche in der Mitte ein Rohr hat, halbvoll gefüllt und gehen gelassen, hierauf mit Ei bestrichen, gut mit Grobzucker und abgezogenen, gehackten Mandeln bestreut, eine Stunde lang bei mittlerer Hitze lichtbraun gebacken und aus dem Ofen auf ein Sieb zum Auskühlen gelegt.

Kaffee-Brötchen: Man röste 60 Gramm Kaffee hellgelb und stoße ihn gröblich in einem Mörser, lasse ihn mit einem starken Liter Milch, 60 Gramm Zucker und einem Stückchen Zimt etwa 10 Minuten kochen und gebe es durch ein feines Haarsieb, bringe es dann mit 180 Gramm frischer Butter wieder auf mäßiges Feuer, rühre, sowie es kocht, 250 Gramm feines Mehl hinein und rühre so lange, bis sich der Teig von der Kasserolle löst: tue ihn nun in eine Schüssel, lasse ihn erkalten und füge jetzt, eins ums andere und stets rührend, acht Eier hinzu; setze von dieser Masse eigroße Brötchen auf ein mit Butter leicht bestrichenes Backblech, bestreiche sie mit Ei, bestreue sie mit grob gestoßenem Zucker und backe sie in nicht zu heißem Ofen.

Creme-Cannelons: Man rolle Blätterteig aus, teile ihn in zwei Teile, lege den einen Teil auf ein Backblech und bereite dann folgende Creme: Man verrühre zwei Esslöffel Mehl und 90 Gramm Vanillezucker mit sechs Eidottern, gebe dann ⅓ Liter süßen Rahm dazu und lasse es unter stetem Klopfen mit der Schneerute dicklich aufkochen und hierauf abkühlen, mische nun den Schnee von sechs Eiweiß leicht darunter und streiche es über den auf dem Blech befindlichen Blätterteig, lege den andern Teil darüber und drücke ihn ringsum nieder, bestreiche ihn mit Ei und backe es lichtgelb, schneide es in längliche Stücke und siebe Zucker darauf.

Gemischtes Kompott (Macedonia): Man nehme so vielerlei Obst, als man nur auf einmal bekommen kann: Erdbeeren, rote und weiße Johannisbeeren, Himbeeren, Kirschen, Aprikosen, Pfirsiche, Zwetschgen, Reineclauden, Mirabellen, Birnen, Melonen, Trauben.

Trauben und Johannisbeeren werden abgebeert, Pfirsiche und Birnen geschält und in Stücke geschnitten, geschälte Melonenscheiben in Stücke geteilt, Aprikosen, Zwetschgen, Mirabellen und Reineclauden halbiert und entsteint, dann die Früchte in ein Gefäß gelegt und jede Lage reichlich mit Zucker bestreut, der Saft von zwei bis drei Apfelsinen darüber gegeben und das Ganze nun in eine große, weite Kompottschale getan, dass sich die verschiedenen Früchte gut präsentieren, einige Stunden in den Keller auf Eis gestellt und mit feinem Backwerk dabei serviert, wo es sich hübsch macht, wenn man recht verschiedenes Backwerk (auch eine Macedoine) in eine zweite, der ersten gleiche Kompottschale legt.

Englische Obst-Creme (*Mille Fruit Cream*): Man nehme je einen Esslöffel eingemachte Erdbeeren, Johannisbeeren, Himbeeren, Stachelbeeren, Aprikosen, Zwetschgen, Reineclauden, Ananas, Ingwer und kandierte Pomeranzenschale, beide letztere und die größeren Früchte geschnitten, füge 30 Gramm Hausenblase, welche man mit ¼ Liter Wasser eine halbe Stunde lang gekocht hat, und 90 Gramm Zucker hinzu und verrühre alles wohl, bis es fast kalt ist, worauf man dann noch ¼ Liter geschlagenen Rahm hineinrührt, es in eine Form füllt und zum Servieren stürzt.

Hat man nicht alle Früchte vorrätig, so nehme man dann von den gerade vorhandenen um so viel mehr, sodass eben die zehn Löffel vollständig seien.

Ananas-Bowle: Wie Pfirsich-Bowle, aber nur von weißem Wein und, gleich dieser, auch mit Champagner. Statt frischer Ananas kann man eingemachte benutzen, die man dann nur in den Wein gibt, gut umrührt und, wenn nötig, noch etwas Zucker beifügt.

Demi-Torte: Man verrühre 140 Gramm gestoßene Mandeln, 105 Gramm Zucker und zwei Eier recht fein, dann nach und nach sieben Eidotter,

70 Gramm Mehl und den Schnee von sieben Eiweiß hinein und backe davon auf Papier eine Platte; backe auch eine fingerdicke Platte von Schwarzbrot-Tortenteig schön lichtbraun und wenn beide Platten erkaltet sind, so löse man sie von dem Papier und fülle sie mit Aprikosen-Marmelade, lege sie aufeinander und überziehe sie mit Glasur.

Oktober

Zehnte Servierkarte

Kaffee

Altdeutscher Napfkuchen

Schnecken

Savarins

Kastanien mit Rahmschnee (*Suprise de Marrons*)
oder Kastanien-Küchlein

Sorbet

Biskuitrolle

Obst

Altdeutscher Napfkuchen: Man nehme ½ Kilo Butter, ½ Kilo feinstes Mehl, ¼ Kilo gesiebten Zucker, 60 Gramm feingehackte, bittere Mandeln, die abgeriebene Schale von zwei Zitronen, 20 Eier und 60 bis 80 Gramm trockene Hefe: rühre die Butter zu Schaum und nach und nach immer ein Ei und etwas Mehl hinein; dies Rühren muss eine Stunde andauern und das Ei muss immer ganz verrührt sein, ehe man·das Mehl hineingibt; dann kommt Zucker, Zitronenschale, die Mandeln und die Hefe dazu, man rührt es wohl untereinander, füllt es in die mit Butter gut ausgestrichene Form, lässt es gehen und backt den Kuchen schön braun.

Schnecken: Man tue ein Kilo feines Mehl in eine Schüssel und setze von der Hälfte desselben, 30 Gramm Hefe und anderthalb Tassen lauwarmer Milch einen Vorteig an, rühre indessen 180 Gramm Butter leicht und gebe vier Eidotter, 30 Gramm Zucker und etwas Salz dazu, verarbeite das Ganze dann zu einem leichten Teige und stelle ihn zum Gehen warm; rolle hierauf längliche, messerrückendicke Kuchen aus, schneide sie zur Hälfte durch und bestreue sie mit gestoßenen Mandeln und Korinthen, rolle sie zu Streifen auf, wickele sie schneckenförmig zusammen und lege sie auf ein mit Butter bestrichenes Backblech, lasse sie noch gut aufgehen und backe sie drei Viertelstunden lang lichtbraun.

Savarins: Man nehme 560 Gramm Mehl, 420 Gramm Butter, zehn ganze Eier, zwei Esslöffel voll gestoßenen Zucker, etwas gestoßene Vanille, einen halben Teelöffel Salz, vier Esslöffel voll Hefe und ¼ Liter süßen Rahm, verarbeite die Hefe mit acht Esslöffeln Mehl, mache es zu einem Hefestück rund zusammen und in der Mitte einen Einschnitt und lege es in lauwarmes Wasser. Unterdessen tue man das Mehl auf das Backbrett, drücke in die Mitte eine Grube, gebe Butter, Eier, Salz, Zucker und Rahm hinein und menge es zu einem Teige, den man sehr fein abarbeitet, das Hefestück hinzufügt und nochmals fein abarbeitet. Dann werden kleine, runde, tiefe Förmchen mit Butter ausgestrichen, mit dem Teige zur Hälfte gefüllt, leicht aufgestoßen und zum Gehen warm gestellt, zu schöner, lichtbrauner Farbe gebacken und mit Zucker bestreut.

Kastanien mit Rahmschnee (*Suprise de Marrons*): Man koche 50 Kastanien, nachdem man die braune Schale abgenommen hat, in Wasser mit ein wenig Salz und entferne mit einem groben Tuche auch die zweite

Schale, zerdrücke dann die Kastanien und verrühre sie über dem Feuer mit 125 Gramm frischer Butter und 125 Gramm gesiebtem Zucker, und wenn es hernach halb erkaltet ist, so treibe man die Masse mittels einer Reibekeule durch einen großlöcherigen Seiher, sodass sie wie feine Nudeln wird; häufe diese nun vorsichtig und ganz leicht bergförmig auf eine runde Schüssel, bedecke sie mit Rahmschnee (½ Liter Rahm, 125 Gramm Zucker, eine halbe Schale Vanille) und stelle sie eine Weile über Eis; man kann sie beim Servieren auch noch mit glasierten Kastanien (*Marrons glacés*) umlegen.

Kastanien-Küchlein: Man schäle 1⅛ Kilo große, schöne Kastanien (Maronen) und tue sie dann in kochendes Wasser, bis sich auch die zweite Schale mit einem Tuch abstreifen lässt; lege sie darauf, eine neben die andre, in eine flache Kasserolle, bestreite sie mit 280 Gramm gestoßenem Zucker, übergieße sie mit einer halben Flasche Malaga-Wein und dämpfe sie auf Kohlenfeuer weich und kurz ein; suche jetzt achtzehn der schönsten aus und stelle sie zugedeckt auf einem Teller beiseite. Die übrigen werden im Mörser gestoßen, mit 105 Gramm frischer Butter, einer Prise Salz und sechs Esslöffeln voll dickem, süßem Rahm vermengt und durch ein feines Haarsieb gestrichen. Mit diesem Püree umhüllt man nun die ganz gebliebenen Kastanien, nachdem man an jede einige abgetropfte, eingemachte Kirschen angedrückt hat, wickelt sie in feucht gemachte Oblaten und drückt sie etwas plattrund, taucht sie in Backteig, backt sie in voller Schmelzbutter, bestäubt sie mit gesiebtem Zucker und richtet sie, auf einer flachen Schüssel gehäuft, über einer gebrochenen Serviette an.

Sorbet: Man nehme dazu Gefrorenes, und wenn Früchte-Gefrorenes, wozu sich dann besonders Ananas-, Aprikosen- oder Apfelsinen-Gefrorenes eignet, so vermische man es (ein starkes Liter etwa) mit einer Flasche Champagner und einer halben Flasche Rheinwein und serviere in Gläsern.

Vanille-Gefrorenes oder sonst Rahm-Gefrorenes wird mit einem Liter süßem Rahm, dem man 180 Gramm Zucker beigemischt hat, nach und nach angerührt und ebenfalls in Gläsern serviert.

Biskuittorte: Man muss bei dieser Torte ganz besonders darauf sehen, dass man feinen, weißen, trockenen, echten Zucker, das feinste, trockene

und gesiebte Mehl und sehr frische Eier habe und auch einen guten Backofen, der die Hitze gleich und lang hält.

Dann rühre man in 280 Gramm sehr fein gestoßenen und gesiebten
Zucker nach und nach acht Eidotter, und wenn sie darin sind, die Masse
noch eine halbe Stunde lang; gebe hierauf den festen Schnee von acht
Eiweiß darunter und danach 175 Gramm Mehl leicht, vorsichtig und
genau hinein, dass es ein dickflüssiger, feinblasiger, glänzender Teig sei;
bestreiche nun die Form leicht mit zerlassener Schmelzbutter, stürze sie
um, dass das überflüssige Fett abfließe, bestäube sie stark mit sehr fein
gesiebtem Zucker und stürze sie wieder um, dass der überflüssige Zucker
abfalle; wiederhole nach einigen Minuten das Bestäuben mit dem Zucker
und fülle die Masse, sowie sie fertig gerührt ist, langsam ein, stelle sie
auf ein halbfingerdick mit Asche überstreutes Blech, setze sie in einen
abgekühlten Ofen und backe sie eine Stunde. Wenn sie gar ist, so muss
sie sich auf der Oberfläche trocken und fest anfühlen und man nimmt
sie dann heraus, tut sie behutsam auf ein Sieb, dass die Wärme auch von
unten einen Abfluss habe, und lasse sie zuerst an einem warmen, hernach an einem kühlen Orte stehen, der aber sehr trocken sein muss, weil
die schöne Kruste sonst feucht und weich werden könnte. Nach Belieben
kann man dem Teige mit dem Zucker auch noch Vanille oder die Schale
einer Zitrone beifügen. Die Vanille, eine Stange etwa, wird mit etwas von
dem Zucker gestoßen und durch ein Sieb gegeben, die Zitronenschale an
Zucker abgerieben.

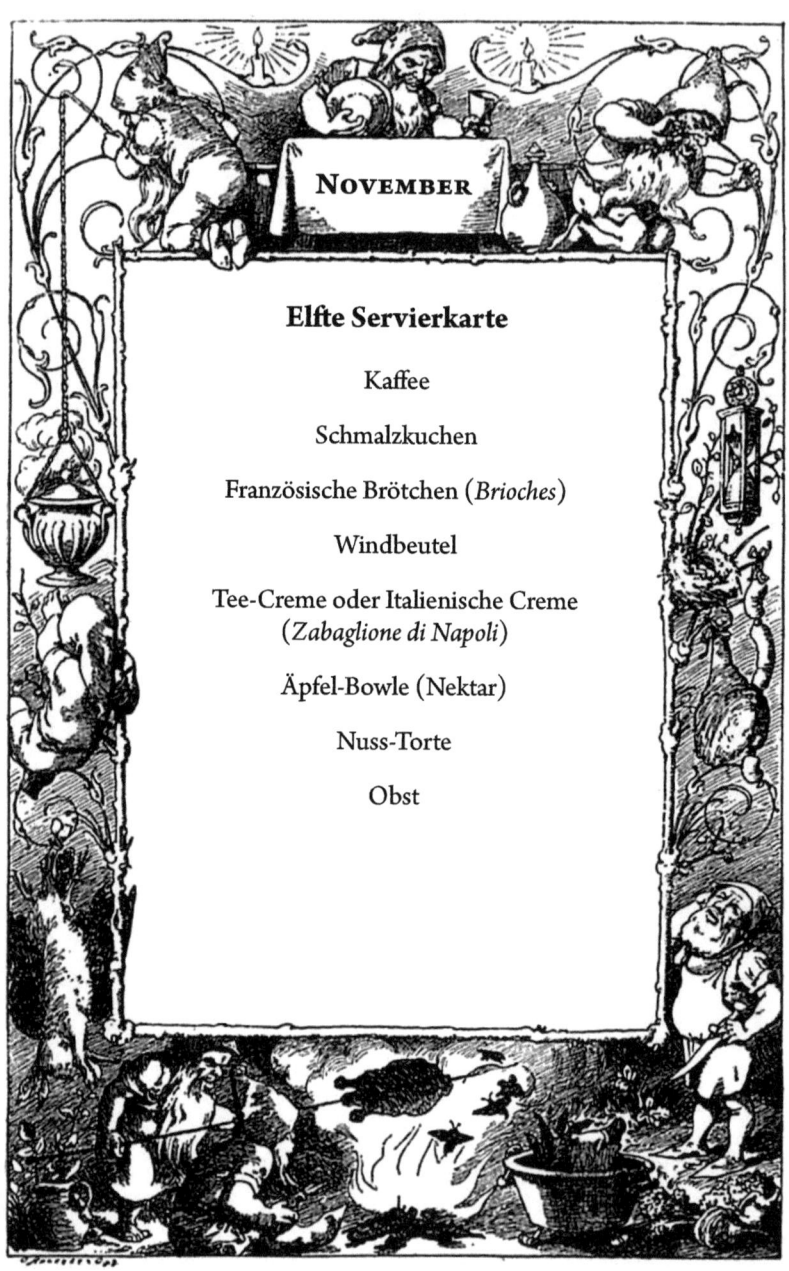

NOVEMBER

Elfte Servierkarte

Kaffee

Schmalzkuchen

Französische Brötchen (*Brioches*)

Windbeutel

Tee-Creme oder Italienische Creme
(*Zabaglione di Napoli*)

Äpfel-Bowle (Nektar)

Nuss-Torte

Obst

Schmalzkuchen: Man rühre 280 Gramm Schmalz (Schmelzbutter) zu Schaum, gebe nach und nach vier Eidotter hinein, dann sechs ganze Eier, 210 Gramm Zucker, an dem die Schale einer Zitrone abgerieben worden, den Saft der Zitrone und zuletzt 280 Gramm Mehl, fülle es in eine Form und backe es.

Französische Brötchen (*Brioches*): Man tue 1 Kilo Mehl auf das Backbrett und sondere ¼ Kilo davon ab, mache in dasselbe eine Grube und gieße ungefähr Liter Wasser, in dem 25 Gramm trockene Hefe aufgelöst worden, hinein, knete dies zu einer zarten, nicht zu festen Masse und rolle sie zu einer Kugel, in welche man einen Krenzschnitt macht und sie in eine mit Mehl bestreute Schüssel legt, bis die Masse gut aufgegangen ist. Dann mache man eine große Grube in das andre Mehl, tue 15 Gramm Salz, 15 Gramm Zucker, ½ Kilo frische Butter, ¼ Glas Wasser und acht bis zehn Eier hinein, mische es zu einem zarten, nachgiebigen Teige und drücke ihn platt nieder; lege den ersten Teig darauf, klappe den andern darüber zusammen und knete das Ganze, dass es recht durchmischt ist; bestreue ein Tuch mit Mehl, schlage den Teig hinein und lasse ihn eine Nacht über an einem kühlen Orte darin liegen; forme ihn am andern Tage auf einem leicht mit Mehl bestreuten Backbrett zu kleinen Brötchen, lege sie, nicht zu nahe aneinander, auf ein Backblech, bestreiche sie mit verklopftem Ei und backe sie in einem mäßig heißen Ofen. Vorzüglich.

Windbeutel: Man rühre ¼ Liter sauren Rahm eine Viertelstunde lang zu dickem Schaum, gebe dann ¼ Liter feinstes Mehl hinein und rühre wieder eine Viertelstunde, bis der Teig Blasen wirft, füge nun fünf Eidotter hinzu, wonach man ihn wieder etwa zehn Minuten lang rührt und zuletzt eine Prise Salz, einen Esslöffel Zitronenzucker und den Schnee von sieben Eiweiß daran tut. Jetzt lasse man in jeder Vertiefung einer Eierpfanne ein wallnussgroßes Stückchen Butter heiß werden, fülle dieselben mit der Masse, backe sie auf einen Dreifuß gestellt in gut geheiztem Backofen drei Viertelstunden lang und bestreue sie mit Zucker.

Tee-Creme: Man gieße ½ Liter kochende Milch über 15 Gramm Tee und 125 Gramm Zucker, decke es zu und lasse es kalt werden; füge dann fünf wohl verklopfte Eidotter hinzu, gebe es durch ein Sieb, fülle es in Creme-Tassen und stelle diese in eine Kasserolle mit kochend heißem

Wasser, welches aber nur bis zur Hälfte der Tassen reichen und nicht eigentlich kochen darf; tue einen Kohlendeckel darüber und lasse so die Creme fest, aber nicht zu fest werden, denn sie muss, einer Sulze ähnlich, noch zittern.

Italienische Creme (*Zabaglione di Napoli*): Man schlage ein Dutzend frische Eier auf und tue das Gelbe und das Weiße, jedes für sich, auf eine Schüssel; gebe zu dem Gelben zwölf Esslöffel gesiebten Zucker und klopfe es kräftig und anhaltend mit einer Gabel, bringe eine halbe Flasche Madeira oder Xeres zu Feuer und lasse ihn bis vors Kochen kommen, rühre ihn dann zu den Eidottern, fülle die Masse in Creme-Tassen und serviere warm oder kalt.

Das Weiße der Eier wird zu Schnee geschlagen, mit zwölf Esslöffeln gesiebtem Zucker und vier Esslöffeln irgend eines feinen Likörs, Vanille, Curaçao, Maraschino vermischt und in die Creme-Tassen gefüllt, welche man eine Viertelstunde lang ins Bain-Marie stellt und ebenfalls, warm oder kalt, neben der ersten serviert.

Äpfel-Bowle (Nektar): Man schäle ein Dutzend Kalville- oder Renette-Äpfel, besonders Ananas-Renetten, möglichst dünn ab, denn das Hauptaroma sitzt unter der Schale, schneide sie in ganz feine Scheibchen, lege sie mit der sehr fein abgeschälten Schale von zwei Zitronen in die Bowle und streue so viel gestoßenen Zucker darüber, dass die Äpfel ganz bedeckt sind, übergieße sie mit einer Flasche gutem Mosel- oder Rheinwein und lasse es zugedeckt über Nacht ziehen. Andern Tages wird noch eine Flasche Moselwein und eine Flasche Champagner und der noch nötige Zucker hinzugefügt und der Nektar recht kalt in Gläsern serviert.

Nuss-Torte: Man schlage 180 Gramm Zucker, 180 Gramm Mehl und zwölf ganze Eier in einem Kessel mit dem Schneebesen recht stark untereinander, bringe es dann aufs Feuer und schlage es fortwährend und gleichmäßig, bis die Masse heiß wird, aber nicht zum Kochen kommt; nehme den Kessel dann ab und schlage die Masse kalt; bringe sie nun wieder zu Feuer und schlage sie wieder heiß, wie zuvor, und auch wieder kalt. Vorher schon hat man eine Obertasse schöner Haselnüsse abgebrüht und geschält, ebenso viel Wallnüsse gebrüht, geschält und der Länge nach zerschnitten und eine Obertasse Schokoladeplätzchen und eine Obertasse Sultaninen bereit gestellt, und so wie die Tortenmasse zum zweiten Mal kalt geschlagen ist, so menge man dies alles gut darunter, fülle sie in eine mit ungesalzener Butter gut ausgestrichene und mit gestoßenem Zwieback bestreute, fla ch e Form und backe sie wie Biskuit. Man muss sich dabei sehr hüten, an den Rand der Form zu stoßen, sonst wird die Torte speckig und muss eine flache Form nehmen, weil sonst all das Schwere zu Boden sinkt und nicht gehörig gemischt bleibt.

DEZEMBER

Zwölfte Servierkarte

Kaffee

Dresdener Stolle

Butter-Ringel

Weihnachtsplätzchen

Ananas-Gefrorenes mit Ungarwein,
mit gefüllten Oblaten oder Kirschengeist-
Gefrorenes mit Dütchen

Eierpunsch

Englischer Weihnachtskuchen (*Christmas-Cake*)

Obst

Italienisches Früchtekonfekt

Berliner Brötchen

Wiener Kipfel

Dresdner Stolle: Man nehme ½ Kilo feinstes Mehl, ⅛ Kilo Butter, 45 Gramm Zucker, 60 Gramm Sultaninen, 60 Gramm Korinthen, 60 Gramm kleinwürfelig geschnittene Sukkade, 60 Gramm ebenso geschnittene, abgezogene Mandeln, 6 Gramm Muskatblüte, etwas gestoßenen Zimt, ein wenig Salz, drei Esslöffel gute Hefe, drei ganze Eier und den nötigen süßen Rahm. Das Mehl wird in eine Schüssel gesiebt und mit der Hefe, dem Rahm, Eiern, Gewürz, Salz und Zucker ein nicht zu fester Teig angemacht, unter welchen man die zerlassene, lauwarme Butter nach und nach gießt und den Teig gut abschlägt, bis er recht fein ist, und fügt nun noch die Rosinen und die Mandeln hinzu, macht den Teig zusammen, überstäubt ihn leicht mit Mehl, deckt ihn zu und lässt ihn an einem warmen Orte gehen, wonach man ihn auf das mit Mehl bestäubte Backbrett tut und eine lange, an beiden Enden spitzig zulaufende Stolle daraus formt, diese auf ein mit Mehl bestäubtes Backblech legt und der ganzen Länge nach in der Mitte mit dem Stiel eines Kochlöffels bis zur Hälfte der Stolle niederdrückt und die beiden Enden wieder zusammenschlägt, nun zudeckt und zum Gehen wieder an einen warmen Ort stellt. Ist sie nun wieder gut aufgegangen, so wird sie mit geklärter, frischer Butter bestrichen, bei mäßiger Hitze zu schöner, lichtbrauner Farbe gebacken, dann nochmals mit Butter bestrichen und mit Zucker bestäubt.

Butter-Ringel: Man setze ⅝ Liter süßen Rahm und ⅝ Kilo feine, frische Butter zu Feuer, rühre es so lange, bis die Butter zergangen ist, und wenn es danach lauwarm geworden, so rühre man 125 Gramm gute Hefe, die abgeriebene Schale einer Zitrone, zwei Eier und zuletzt 1 Kilo feines Mehl hinein und schlage den Teig mit einem hölzernen Löffel so lange, bis er sich ablöst und so steif wird, dass man auf dem Backbrette runde Ringe, vom Umfang einer Untertasse etwa, formen könne, die man über mit Butter bestrichenem Papier auf ein Backblech legt und gehen lässt. Dann bestreiche man sie eben vor dem Backen mit Eigelb, worunter man etwas Rahm und zerlassene Butter geschlagen hat, bestreue sie mit Zucker und Zimt und backe sie in gelinder Hitze. – Frisch, zu Kaffee und Tee ganz ausgezeichnet

Weihnachtsplätzchen: Man rühre ½ Kilo gesiebten Zucker mit vier Eiern recht kräftig und gebe dann 8 Gramm Zimt, 2 Gramm Gewürznelken, beides fein gestoßen, die fein gehackte Schale einer Zitrone,

2 Gramm pulverisiertes Hirschhorn und ½ Kilo fein durchgesiebtes Mehl hinzu, rolle den Teig kleinfingerdick aus und steche mit einem Blechförmchen kleine Kuchen in der Größe eines Weinglases daraus, lege sie auf ein Blech und lasse sie so lange liegen, ein bis zwei Tage, bis sie oben trocken geworden find, drehe sie dann um und backe sie dunkelgelb. – Diese eigentümlichen Plätzchen sind sehr wohlschmeckend und dabei haltbar.

Ananas-Gefrorenes mit Ungarwein: Man koche für eine große oder zwei kleine Ananas ½ Kilo Zucker mit 1 Liter Wasser, bis er Blasen wirft, gieße ihn in eine Porzellanschale und, wenn er etwas abgekühlt ist, den Saft von vier bis fünf Zitronen hinzu. Die Ananas wird in einem Marmormörser sehr fein gestoßen, sodass sie ganz aufgelöst ist, nun mit dem Zucker und Zitronensaft vermischt und auch, falls die Masse zu dick erscheinen sollte, mit etwas ungarischem Wein, und so bleibt es eine Stunde stehen, wonach man es durch ein sehr feines Sieb streicht und in die Gefrierbüchse tut. Sowie es anfängt dick zu werden, so gießt man n a c h u n d n a c h eine halbe Flasche (drei gewöhnliche Weinglas) ungarischen Wein, am besten T o k a j e r hinzu, dreht fleißig und rührt oft mit dem Spatel, weil des Weins wegen die Masse weniger schnell friert und man deshalb den Wein auch nur nach und nach, während des Frierens, hinein geben darf. Beim Servieren lasse man g e f ü l l t e O b l a t e n dazu reichen.

Gefüllte Oblaten: Man rühre ½ Kilo Mehl mit 1 Liter Milch recht glatt, füge 125 Gramm Zucker, auf dem eine Zitrone abgerieben worden, und einen Teelöffel Salz hinzu, vermische alles wohl und backe die Oblaten, wie die auf der dritten Tee-Servierkarte, hochgelb, und sowie eine Oblate fertig ist, so wird sie unter einen natürlich ganz geruchlosen Holzdeckel gelegt, damit sie gerade bleibe.

Zur F ü l l e habe man ⅛ Kilo abgezogene Mandeln im Backofen getrocknet, auf dem Reibeisen gerieben und mit 125 Gramm recht feinem Zucker vermischt. Davon streue man nun auf eine der Oblaten, gebe eine andre darüber und lege sie wieder in das heiße Eisen, passe sie zusammen und lasse sie so weit heiß werden, dass der Zucker schmilzt, aber nicht verbrennt, und beide Oblaten aneinander halten, worauf man jede fertig gewordene Oblate sogleich zwischen zwei weiße Holzdeckel legt, bis sie kalt ist; haben sie ungleiche oder zu braune Ränder, so muss man sie mit einer Schere abschneiden.

Diese Oblaten, welche sich wochenlang halten, sind sehr beliebt zu Tee und Wein und ebenso zu Cremes und Gefrorenem.

Dütchen: Man stoße 125 Gramm abgezogene Mandeln mit sechs Eiweiß recht fein und füge einen Esslöffel Wasser, 250 Gramm Zucker, etwas Zitronenschale und 65 Gramm Mehl hinzu, setze davon runde Plätzchen auf ein mit Butter bestrichenes Backblech und backe sie schön gelb, nehme sie dann gleich aus dem Ofen und drehe sie noch warm in Form von Dütchen über ein spitzes Holz.

Man kann sie auch selbständig als Dessert geben und füllt sie dann, erkaltet und unmittelbar vor dem Servieren, mit Rahmschnee und oben darüber ein wenig Johannisbeer-Gelee.

Gefrorenes von Schwarzwälder Kirschengeist: Man bringe ¾ Kilo Zucker mit 1 Liter Wasser aufs Feuer, lasse ihn gut aufkochen, wobei man ihn sorgfältig abschäumt, gieße ihn durch ein Stück Mull und stelle ihn kalt; füge dann die auf Zucker abgeriebene Schale einer Zitrone und den Saft von 5 Zitronen dazu, gieße es in die Gefrierbüchse und behandle es wie jedes andre Gefrorene, ausgenommen, dass man, sooft die Büchse geöffnet wird, um das Gefrorene zu bearbeiten, jedes Mal ein kleines Gläschen Kirschengeist mit einrührt, im ganzen ⅛ Liter.

Dazu Dütchen.

Ebenso von Himbeergeist und Heidelbeergeist, welche man auch so vortrefflich aus dem Schwarzwald bekommt und noch viel feiner als der Kirschengeist sind.

Eierpunsch: Man nehme die an Zucker abgeriebene Schale von zwei Zitronen, den Saft von vier Zitronen, ½ Kilo gestoßenen Zucker, 1¼ Liter Rheinwein, ½ Liter Arrak, ½ Liter Wasser und zwölf ganze Eier, verrühre die Eier mit dem Zucker und füge dann das Übrige hinzu, schlage es mit der Schneerute über Kohlenfeuer so lange, bis es in einem Schaum in die Höhe steigt, und serviere gleich in Punschgläsern.

Englischer Weihnachtskuchen (*Christmas Cake*): Man nehme ½ Kilo Butter, ½ Kilo gestoßenen Zucker, ½ Kilo sehr feines, gesiebtes Mehl,

½ Kilo fein geschnittene Sukkade, ½ Kilo Rosinen, ¼ Kilo Korinthen, etwas Zimt, Gewürznelken und fein geschnittene Zitronenschale und zehn Eier. Rühre nun die Butter recht schaumig und einige Löffel Zucker hinein, hierauf etwas Mehl, etwas von den übrigen Ingredienzien und ein Ei und fahre so mit dem Einrühren fort, bis alles darin ist. Jetzt bestreiche man eine Form mit Butter, bestäube sie mit Mehl, fülle die Masse hinein und backe sie bei guter Hitze, die erst nach zwei Stunden etwas nachlassen darf, drei Stunden lang, lasse den Kuchen kalt werden und serviere erst nach 24 Stunden. Er hält sich lange frisch und gut, besonders wenn man ihn, oder auch die Neste davon, unter einen Glassturz stellt.

Italienisches Früchte-Konfekt: Man rühre 280 Gramm Zucker mit 16 Eidottern, welche man nach und nach dazuschlägt, recht schaumig und ziehe dann das zu festem Schnee geschlagene Weiße der Eier und 280 Gramm feines gesiebtes Mehl langsam darunter. Zuvor hat man Sukkade, eingemachte Orangenschale und eingemachte Nüsse, von jedem 70 Gramm, vier getrocknete, eingemachte Aprikosen und acht ebensolche Reineclauden, kleinwürfelig geschnitten, und mengt sie nun unter die Masse; macht von einem Bogen weißem Schreibpapier eine zweifingerhohe Kapsel, legt den Boden derselben mit Oblaten aus, füllt die Masse hinein und backt sie langsam im Backofen. Wenn sie aus dem Ofen kommt, so werden die Ecken der Kapsel aufgeschnitten, das Papier abgebogen und das Konfekt mit Zitronenguss warm überstrichen, dann zu fingerlangen und fingerdicken Schnitten geschnitten und erkalten lassen. Es hält sich sehr lange.

Berliner Brötchen: Man nehme ⅝ Kilo Mehl, ½ Kilo braunen Farinzucker, ¼ Kilo süße, abgezogene, grob geschnittene Mandeln, 60 Gramm geriebene Schokolade, 8 Gramm gestoßenen Zimt, 4 Gramm gestoßene Gewürznelken, eine halbe, geriebene Muskatnuss, etwas geschnittene Sukkade, für drei Pfennig Hirschhornsalz und vier Eier und menge und verarbeite dies mit den Händen, bis der Teig sich gut formen lässt; breche dann Stücke davon und forme sie mit den Händen zu langen, daumendicken Rollen, drücke sie von oben etwas platt, kerbe sie mit einem Messer alle fingerlang ein und backe sie auf einem Backblech, wonach man sie, so lange sie noch ganz heiß sind, an den eingekerbten Stellen durchbricht und an einem trockenen Orte bewahrt, wo sie sich wochenlang halten

Wiener Kipfel: Man verarbeite ¼ Kilo gesiebten Zucker, 375 Gramm feines Mehl, einen Teelöffel Zimt, acht gestoßene Gewürznelken, die abgeriebene Schale einer halben Zitrone und 180 Gramm frische, in kleine Stückchen geschnittene Butter mit zwei ganzen Eiern und drei Eidottern zu einem Teige, nehme ihn dann auf das Backbrett, knete ihn glatt und rolle ihn messerrückendick aus; schneide ihn zu dreieckigen Stückchen, belege sie mit etwas Eingemachtem, besonders Kirschen, und biege die Ecken darüber zusammen, dass sie sich fast berühren (wie ein Dreispitzhut), tue die Kipfel auf ein mit Mehl bestreutes Backblech und backe sie gelb.

Laubhütten-Küchlein: Man knete ½ Kilo Mehl, ¼ Kilo Zucker, ¼ Kilo Butter und etwas gestoßenen Zimt und Gewürznelken gut untereinander und füge, wenn der Teig etwa nicht zusammenhalten wollte, noch einen Esslöffel Wasser hinzu, rolle ihn aus, steche mit einem Weinglas kleine Kuchen daraus und backe sie schön gelb. – Jüdisches Festgebäck, sehr gut und kräftig und hält sich ein ganzes Jahr.

JANUAR

Erste Servierkarte

Tee

Portugieser Teekuchen

Rahmwaffeln

Reichenauer Zwieback

Gefrorene Creme mit Hobelspänen oder
Zitronen-Creme mit Kölner Brezeln

Weinpunsch

Pyramidentorte

Obst

Portugieser Teekuchen: Man rühre ½ Kilo abgeklärte Butter zu Schaum und dann ½ Kilo fein gestoßenen Zucker, sieben ganze Eier und etwas fein abgeriebene Zitronenschale hinzu, welches man eine halbe Stunde lang rührt und nun ½ Kilo feines Mehl hinein gibt, wonach aber nicht mehr viel darin gerührt werden darf, sondern nur so viel, dass das Mehl gehörig eingemengt sei. Die Masse wird dann in eine mit Butter bestrichene, etwa daumenhohe Form getan, mit geschlagenem Eiweiß bestrichen, mit Zucker bestreut und in einem nicht zu heißen Ofen gebacken.

Rahmwaffeln: Man nehme zwei Gläser dicken süßen Rahm, ein Glas Mehl, acht Eier und ein wenig Salz, schlage den Rahm sowie das Weiße der Eier, jedes zu Schnee und verklopfe die Eidotter auch ein wenig mit der Schneerute und gebe dann das Salz und nach und nach unter beständigem Schlagen mit der Rute das Mehl hinein; hierauf den Schnee der Eiweiß und den Rahmschnee und backe die Waffeln wie gewöhnlich (s. Kaffee, dritte Servierkarte), jedoch auf gelindem Feuer, und zum Bestreichen des Waffeleisens nimmt man für diese sehr feinen Waffeln am besten feinstes Olivenöl; sie werden gleich nach dem Backen mit gesiebtem Zucker (Vanillezucker ist sehr zu empfehlen) bestreut und so warm als möglich serviert.

Reichenauer Zwieback: Man rühre acht ganze Eier mit ½ Kilo fein gesiebtem Zucker langsam und gleichmäßig drei Viertelstunden lang, bis die Masse Blasen wirft und anfängt dicklich zu werden. Dann kommt ½ Kilo feines, nochmals durchgesiebtes Mehl und etwas Anis dazu.

Der Teig darf, sobald das Mehl darin ist, nicht mehr gerührt werden, sondern man bestreicht gleich ein Backblech mit Wachs und gießt den Teig derartig darauf, dass er zwei etwa drei Querfinger dicke Streifen bilde, doch nicht zu nahe aneinander. Der Backofen muss gut, jedoch nicht übermäßig geheizt sein, und wenn das Gebäck eine schöne, hellbraune Farbe hat und sich steif und fest anfühlt, so ist es fertig und man lässt es abkühlen. Hierauf wird es zerschnitten und zum leisen Rösten nochmals in den Ofen getan, aber ohne das Backblech zu bestreichen. Dieser Zwieback ist sehr gut zu Tee, Schokolade usw. und hält sich wochenlang.

Gefrorene Creme: Man nehme ein beliebiges Gefrorenes, z. B. von Vanille, welches man aus ½ Liter gutem, süßem Rahm, 125 Gramm

Zucker, einer halben Stange Vanille und fünf Eidottern bereitet, und vermische es nach und nach mit ½ Liter fest geschlagenem und mit 125 Gramm gesiebtem Zucker vermengten Rahmschnee, wobei man es aber nicht sehr bearbeiten, sondern den Rahmschnee bloß durchziehen muss, und diese äußerst beliebte Creme dann nach einer halben Stunde in kleinen Tassen oder Gläsern mit feinem Backwerk, z.B. H o b e l s p ä n e n, dabei serviert.

Hobelspäne: Man nehme zwei Eier, zwei Eier schwer fein gesiebten Zucker und zwei Eier schwer Mehl, schlage Eier und Zucker schaumig und dann das Mehl dazu; bestreiche ein Backblech mit ungesalzener Butter und streiche von dem Teige so dünn als möglich darüber, der ganzen Länge nach, aber nur 15 Zentimeter breit, und backe es in einem nicht sehr heißen Backofen gelb; schneide es nun der Quere nach in 3 Zentimeter breite Streifen, schiebe das Blech wieder in den Ofen und lasse die Streifen schön braun backen, wonach man sie gleich um ein dickes Holz windet, wie einen Hobelspan, und auch gleich wieder abzieht; es muss dies rasch geschehen, weil sie gleich hart werden, und wäre dies eingetreten, ehe man sie alle wickeln konnte, so müssen sie wieder in den Ofen gestellt und heiß und dadurch wieder weich gemacht werden. Unterdessen hat man ein andres Blech überstrichen und verfährt damit ebenso, und wenn das erste Blech kalt ist, so kann es auch wieder bestrichen werden. Diese Masse gibt sehr viel aus, die Hobelspäne halten sich lange und sind als Dessert, zum Tee und zu Cremes sehr beliebt.

Zitronen-Creme: Man reibe zwei Zitronen auf 375 Gramm Zucker ab, schabe das Abgeriebene herunter, presse den Saft von vier Zitronen darauf und füge so viel Wasser hinzu, dass es ½ Liter Flüssigkeit ist; gebe den übrigen Zucker, eine starke Messerspitze Kartoffelmehl, sechs ganze Eier und zwei Eidotter hinein und verklopfe alles fünf Minuten lang, stelle die Masse nun ins Bain-Marie, wo man sie so lange klopft, bis sie heiß und dick wird und keine großen Blasen mehr wirft, dann rasch in eine Schale gießt, über Eis erkalten lässt und mit K ö l n e r B r e z e l n serviert.

Kölner Brezeln: Man knete aus 125 Gramm Mehl, 125 Gramm fein gestoßenem Zucker, 125 Gramm abgezogenen, fein gestoßenen Mandeln und vier Eiern einen Teig und forme kleine Brezeln daraus, die man mit Eigelb bepinselt, mit Zucker und Zimt bestreut, auf ein mit Butter bestrichenes Backblech legt und bei sehr gelinder Hitze backt, weil sie sonst leicht verbrennen. Sie halten sich an einem trockenen Orte sehr lange und werden je älter, je mürber.

Weinpunsch: Man nehme auf zwei Liter Wasser den Saft von drei Zitronen, anderthalb Flaschen Sauterne oder guten Rheinwein, ½ Kilo Zucker und eine Flasche Arrak, bringe es zu Feuer und füge, wenn es den Siedepunkt erreicht hat, eine Tasse starken Tee hinzu. Man kann ihn warm oder kalt geben, doch ist er besser kalt und am besten frappiert.

Auf e i n f a c h e r e Art: nehme man auf vier Flaschen Moselwein eine Flasche Arrak-Punschessenz und, nach Geschmack, etwas Zucker, lasse Wein mit Zucker bis vors Kochen kommen, gieße die Essenz in die vorher erwärmte Punschterrine, den Wein dazu, rühre es rasch durcheinander und decke die Terrine zu.

Pyramiden-Torte: Man rühre ½ Kilo Butter mit 16 Eidottern recht schaumig (eine gute halbe Stunde lang), gebe dann die abgeriebene Schale einer Zitrone, zwölf gestoßene Gewürznelken, eine halbe Muskatnuss, 8 Gramm Zimt, ½ Kilo Zucker und ½ Kilo Mehl unter beständigem Rühren nach und nach hinein und ziehe zuletzt den Schnee von 16 Eiweiß langsam darunter.

Nun habe man neun flache Blechkästchen, wovon acht viereckig, 3 Zentimeter hoch, und das größte, unterste etwa 24 Zentimeter groß ist; die nächstfolgenden sieben jedes immer etwas kleiner; das neunte, die Spitze der Pyramide bildend, spitzig; man muss einen Reif dazu machen lassen, der es hält, wenn es gefüllt und auf die Spitze gestellt ist.

Diese Formen werden nun leicht mit Butter bestrichen und beinahe voll mit der wenig steigenden Masse angefüllt und dann sämtlich nebeneinander, doch zwischen jeder einen kleinen Raum lassend, auf ein Backblech gesetzt und ungefähr drei Viertelstunden lang bei gelinder Hitze gebacken und noch warm auf Papier gestürzt, wo man sie verkühlen lässt und hiernach die einzelnen Teile stark messerrückendick mit beliebiger Marmelade bestreicht und zur Pyramide übereinander stellt.

Natürlich kann man diese vortreffliche Torte auch in einer gewöhnlichen Form backen und die Hälfte der angegebenen Masse gibt schon eine schöne Torte, und ebenso kann man eine andre Tortenmasse: Brottorte, Biskuittorte, Zwiebacktorte, Wiener Torte zu einer Pyramidentorte benutzen.

FEBRUAR

Zweite Servierkarte

Polnischer Tee

Sächsischer Butterzopf

Fastnacht-Küchlein

Sandwichs

Ostindischer Reis oder Reis-Sulz

Chablis-Bowle

Apfelsinen-Torte

Obst

Polnischer Tee: Man nehme ein Liter gutes Weißbier, ¼ Liter weißen Wein, 280 Gramm Zucker, etwas ganzen Zimt und Zitronenschale, eine halbe Tasse Maraschino und sechs Eidotter; lasse Bier, Zucker, Zimt und Zitronenschale aufkochen, gieße dann den Wein, am besten Rheinwein, dazu und legiere es mit den Eidottern, die man mit etwas süßem Rahm verrührt hat, presse den Saft einer Zitrone hinein, gebe zuletzt den Maraschino daran, schlage es über Kohlenfeuer, bis es schäumt, und serviere in Tassen.

Sächsischer Butterzopf: Man bereite den Teig aus 1 Kilo feinstem Mehl, ½ Kilo ungesalzener Butter, 125 Gramm Zucker, 90 Gramm gestoßenen, süßen Mandeln und 8 Stück bitteren Mandeln, 60 Gramm Hefe, zwei Esslöffeln Rum und so viel Milch, dass es ein nicht zu fester Teig wird, den man drei Viertelstunden bis eine Stunde gehen lässt und dann zwei Brötchen daraus macht, eins von zwei Dritteln, das andre von einem Drittel. Das erste teilt man wieder in drei Teile und rollt sie mit den Händen in reichlich daumendicke, an den Enden etwas spitz zulaufende Rollen aus, die man zu einem Zopf flicht und ihre Enden unten und oben zum Kranze zusammendrückt. Den kleineren Teil Teig behandelt man nun ebenso und legt diesen dünneren Zopf oben auf den ersten und beide zusammen dann auf ein mit Butter bestrichenes Backblech; bestreicht diesen Doppelzopf mit Eiweiß, bestreut ihn mit gehackten Mandeln und stellt ihn zum Gehen, während 20 bis 25 Minuten, in eine Röhre, die nicht Backhitze hat, aber wärmer ist, als man sonst zum Gehen von Teigen annimmt, wonach man ihn in die wohl durchheizte, eigentliche Backröhre setzt und eine gute halbe Stunde etwa backen lässt. Er muss hochgelb oder ganz hellbraun sein und wird mit viel heißer Butter begossen und stark mit Zucker bestreut.

Fastnacht-Küchlein: Man gebe ½ Kilo feines Mehl durch ein Sieb in eine Schüssel und streue ein wenig Salz darüber, löse 45 Gramm Hefe mit ein wenig warmer Milch an einer warmen Stelle des Herdes auf, gieße sie durch ein Siebchen und rühre damit in der Mitte des Mehls einen kleinen Vorteig an, den man gehen lässt. Nun tut man 125 Gramm Butter in ¼ Liter Milch und lässt es lauwarm werden, schlägt ein Ei an den Vorteig und mischt es mit ein wenig von dem zunächst liegenden Mehl in den Vorteig, dann ein zweites Ei nebst etwas Milch und Mehl, und mengt jetzt das Ganze mit der übrigen Milch zu einem flotten Teig, den man kräftig schlägt, bis er Blasen wirft; er muss recht flott sein, sich aber doch rollen lassen, und wäre er zu weich, so müsste man noch etwas Mehl hineinarbeiten; lasse ihn nun wieder gehen und nehme ihn danach auf das Backbrett, rolle ihn halbfingerdick aus und rädele ihn mit dem Backrädchen zuerst in Streifen, dann der Quere nach in länglich viereckige Stückchen, die man abermals gehen lässt, in voller Schmelzbutter oder Schweinefett schön bräunlich backt, mit Zucker bestreut und warm zu Kaffee oder Tee gibt.

Sollen diese sehr guten Küchlein gut geraten, so müssen Mehl und Eier in der Wärme gestanden haben und auch Schüssel, Backbrett, Rollholz und das Tuch zum Bedecken beim Gehen erwärmt sein.

Sandwichs: Man rolle Blätterteig oder mürben Teig dünn aus, lege die Hälfte davon auf ein Backblech und belege sie gleichmäßig mit beliebiger Konfitüre, besonders von weichen Früchten, Aprikosen, Zwetschen und dergleichen, gebe die andre Hälfte des Teiges darüber und drücke die Ränder fest zusammen, backe den Kuchen zwanzig bis dreißig Minuten lang und kurz vor dem Garbacken bestreiche man ihn mit einem Eiweiß und bestreue ihn mit gesiebtem Zucker, und wenn er darnach eine schöne braune Farbe erhalten hat, so nehme man ihn heraus, lasse ihn erkalten und schneide ihn zu 5 Zentimeter langen und 2½ Zentimeter breiten Streifen.

Nachstehende K o n f i t ü r e ist besonders zu empfehlen: Man schäle recht reife Zwetschen und schneide sie an der Seite nur so viel auf, um die Kerne herausnehmen zu können, läutere nun zu je ½ Kilo Zwetschen 375 Gramm Zucker, gebe diese nebst der Schale von einer Zitrone, 30 Gramm Sukkade und 30 Gramm kandierter Pomeranzenschale, alles fein geschnitten, hinein und lasse sie eine Weile kochen, währenddem man sie sorgfältig abschäumt, tue sie danach mit einem Löffel vorsichtig in eine Schüssel, koche sie andern Tages etwas stärker und fülle sie in die Gläser.

Ostindischer Reis: Man koche 250 Gramm gut gewaschenen, besten Karolina-Reis in reichlich Wasser weich, doch so, dass die Körner ganz bleiben, gieße ihn dann auf einen Seiher und lasse ihn kalt werden; koche unterdessen 250 Gramm Zucker mit einem reichlichen Glas Wasser, bis er Fäden zieht, gebe ihn, wenn er etwas erkaltet ist, unter den Reis und danach ein Glas Arrak und vermische es gut, menge zuletzt etwas zu großen Würfeln geschnittenen, eingemachten Ingwer darunter und richte in einer Schale an. Der Reis darf nicht zu steif, sondern muss mehr cremeartig sein. – Originalrezept aus Kalkutta und besonders bei Herren sehr beliebt.

Reis-Sulz: Man nehme ½ Kilo vom besten Reis, wasche ihn mehrmals in kaltem und zwei- bis dreimal in kochendem Wasser und setze ihn in einer großen, weiß glasierten Kasserolle mit 6½ Flaschen Wasser auf mäßiges Feuer, sehe, sowie er ans Kochen kommt, auf die Uhr, lasse ihn genau eine Stunde kochen und gieße ihn möglichst rasch durch ein Haarsieb oder noch besser durch mehrere, denn je rascher das Durchgießen geschieht, umso schöner wird die Sulz. Das Durchgegossene setze man dann sobald als möglich in derselben rein ausgespülten Kasserolle wieder aufs Feuer, tue ½ Kilo Zucker in Stücken, auf denen das Gelbe einer Zitrone abgerieben worden, und den Saft der Zitrone durch ein Mull-Läppchen dazu, und wenn der Zucker in diesem Reisschleim ausgekocht hat, so gieße man ein großes Weinglas voll des besten weißen Arraks daran und nehme es schnell vom Feuer, fülle es in eine Form, stütze eben vor dem Servieren und umgieße es mit ein wenig Himbeersaft, welcher die Alabasterweiße der Sulz noch hebt.

Chablis-Bowle: Man gebe in eine kleine Terrine 250 Gramm Zucker in Stücken, die sehr fein abgeschälte Schale einer Zitrone und 4 Deziliter Wasser, gieße es, wenn der Zucker aufgelöst ist und es etwas gezogen hat, durch ein Sieb in die Bowle und füge zwei bis aufs Fleisch geschälte und zu Scheiben geschnittene Zitronen und drei Flaschen Chablis hinzu.

Apfelsinen-Torte: Man bereite einen mürben Teig aus 375 Gramm Mehl, 250 Gramm Butter, 40 Gramm Zucker und drei Eiern, rolle ihn messerrückendick aus und schneide eine längliche Platte daraus; von dem übrig gebliebenen Teig mache man eine fingerdicke Rolle, bestreiche den Rand der Platte mit Eiweiß, lege die Rolle als Rand darum, bestreiche sie, nachdem man die Enden mit Eiweiß aneinander geklebt, mit Eigelb und backe die Torte in mäßiger Wärme zu schöner Farbe. Dann verklopfe man acht Eidotter mit 125 Gramm Zucker, auf dem die

Schale einer Apfelsine abgerieben worden, dem Safte von zwei Apfelsinen und einer Zitrone und einer Viertelflasche weißem Wein über dem Feuer zu einer steifen Creme, die man, noch heiß, mit dem Schnee von vier Eiweiß vermischt, gieße diese Creme auf die Torte, besiebe sie mit Zucker und stelle die Torte noch fünf Minuten in den Ofen, und wenn sie erkaltet ist, so lege man innen um den Rand einen dichten Kranz von eingezuckerten Apfelsinen-Achteln.

MÄRZ

Dritte Servierkarte

Tee

Speckkuchen

Oblaten

Ingwer-Brezeln

Stärkemehl-Flammeri oder Grießmehl-Flammeri

Eierwein (*Chaud'eau*)

Sandtorte

Obst

Speckkuchen: Man menge einen Hefeteig aus ½ Kilo Mehl, zwei Eiern, zwölf Esslöffeln zerlassener Butter, etwas lauwarmer Milch und drei Esslöffeln guter Hefe, verarbeite ihn gut und lasse ihn an einem warmen Orte aufgehen, lege ihn auf ein mit Butter wohl bestrichenes Backblech, setze einen 1½ Zentimeter hohen Rand darum und zwicke ihn nett zu; gieße folgende Fülle über den Teig, backe den Kuchen zu schöner Farbe und serviere warm beim Teetisch oder zum Gabelfrühstück. – Sehr beliebt.

Zur Fülle verrühre man 60 Gramm Butter mit zwei Eiern und zwei Eidottern, gebe Salz, eine Handvoll Kümmel, ⅓ Liter dicken Rahm, zwei sehr fein geschnittene Zwiebeln und 125 Gramm fein gehackten Speck dazu und mische es untereinander.

Oblaten: Man verrühre 250 Gramm Mehl, vier Eier, 125 Gramm fein gesiebten Zucker und etwas Salz mit süßem Rahm zu einem flüssigen dünnen Teige, benetze dann beide Hälften des Hippeneisens mit Butter und tue einen guten Esslöffel Teig hinein, streiche ihn mit einem Löffel breit, doch nicht ganz an den Rand, klappe das Eisen zu und backe die Oblate auf beiden Seiten, indem man das Eisen einmal umdreht, ganz hellbraun; mache nun das Eisen auf, lege ein stark fingerdickes Hölzchen, welches ein wenig länger als die Oblate ist, auf dieselbe und drehe sie schnell darum, sodass eine kleine Rolle entsteht; die Oblate muss so dünn wie Papier sein.

Man kann sie aber auch ungerollt und beim Gebrauche im Ofen wieder hart werden lassen; man bestreicht sie dann mit recht weicher Butter, bestreut sie mit Zucker und Zimt und legt eine andre Oblate, auch etwas mit Butter bestrichen, darüber, drückt sie ein wenig aneinander, schneidet sie einmal entzwei und serviert sie zum Tee.

Ingwer-Brezeln: Man rühre 140 Gramm gesiebten Zucker mit vier Eidottern gut untereinander, füge dann 140 Gramm feines Mehl, einen Esslöffel fein gestoßenen Ingwer und die in feine Streifchen geschnittene Schale einer Zitrone oder statt deren ebenso viel Sukkade hinzu, forme kleine Brezeln, lege sie auf ein mit Butter bestrichenes Backblech und backe sie bei mäßiger Hitze.

Stärkemehl-Flammeri: Man nehme 90 Gramm Stärke, 90 Gramm Zucker, 90 Gramm abgezogene, fein gestoßene Mandeln, ein Liter Milch und vier ganze Eier. Die Stärke wird mit etwas von der Milch verrührt und man tut die wohl verklopften Eier durch ein Sieb dazu; Milch, Zucker und ein Stückchen Vanille oder Zimt kocht man zusammen, gibt dann die Mandeln und zuletzt Stärke und Eier hinein und rührt es fortwährend, bis es aufkocht und steif wird, gießt es nun in eine nass gemachte Form, stürzt es andern Tages und serviert folgende S a u c e dazu:

Man verrühre ein paar Glas roten Wein mit ein paar Esslöffeln Zucker und ebenso viel Johannisbeer- oder Himbeer-Gelee, bis es sich etwas bindet, welche Sauce zu allen derartigen Speisen zu empfehlen und den gekochten Saucen vorzuziehen ist.

Grießmehl-Flammeri: Man koche ein Liter Milch mit 60 Gramm Zucker und einem Stückchen Vanille oder Zimt und rühre so viel Grießmehl hinein, bis es ziemlich steif ist, setze es dann ab und ziehe das zu Schnee geschlagene Weiße von drei Eiern darunter. Diese Masse teile man nun in zwei Hälften, mische unter die eine 60 Gramm fein geriebene Schokolade und lasse die andre weiß, tue in eine mit Wasser ausgespülte Form die Hälfte der weißen Masse, dann die Hälfte der mit Schokolade gemischten und wechsle so nochmals. Wenn es vollkommen erkaltet ist, so wird es gestürzt und mit einer ebenfalls erkalteten Vanille-Sauce serviert, welche man aus den drei übrig gebliebenen Eidottern, ¼ Liter Milch, einem Esslöffel Kartoffelmehl, Zucker und Vanille bereitet.

Eierwein (*Chaud'eau*): Man nehme auf je ¼ Liter weißen Wein drei ganze Eier, 60 Gramm auf einer halben Zitrone abgeriebenen Zucker und den Saft einer halben Zitrone, tue alles zusammen in einen engen, hohen Topf und lasse es eine Stunde stehen. Der Zucker wird dann aufgelöst sein und man quirlt oder schlägt (mit der Schneerute) die Masse einige Minuten lang, stellt nun den Topf in eine Kasserolle mit kochendem Wasser, quirlt oder schlägt die Masse beständig, bis sich auf derselben keine großen Blasen mehr zeigen, und gießt sie dann gleich in Tassen.

Man kann leichten Wein, Rheinwein oder sonst guten Wein dazu nehmen, am besten aber ist Champagner.

Sandtorte: Man nehme dazu ½ Kilo frische, ungesalzene Butter, ½ Kilo Zucker, ½ Kilo Kartoffelmehl, einen Esslöffel feinstes Weizenmehl, zwölf Eier (sechs mit, sechs ohne Weiß), die am Zucker abgeriebene Schale einer Zitrone und zwei Esslöffel feinsten Rum. Die Butter wird abgeklärt, d.h. langsam geschmolzen und langsam abgegossen, dass alles Unreine zurückbleibe, dann, wenn sie wieder kalt geworden ist, zu Schaum gerührt und nun immer, nach und nach, ein Ei oder ein Eigelb, ein Löffel Zucker und ein Löffel Kartoffelmehl hineingerührt, und wenn alles darin ist, welches gewöhnlich eine halbe Stunde währt, und der Teig wie Schaum ist, so gebe man den Rum hebend, nicht rund rührend dazu, lege eine Springform mit weißem Papier aus, bestreiche es mit Butter, fülle die Masse hinein und backe die Torte bei mäßiger Hitze eine Stunde, nehme sie aber nicht aus der Form, ehe sie völlig erkaltet ist, sonst bricht sie auseinander.

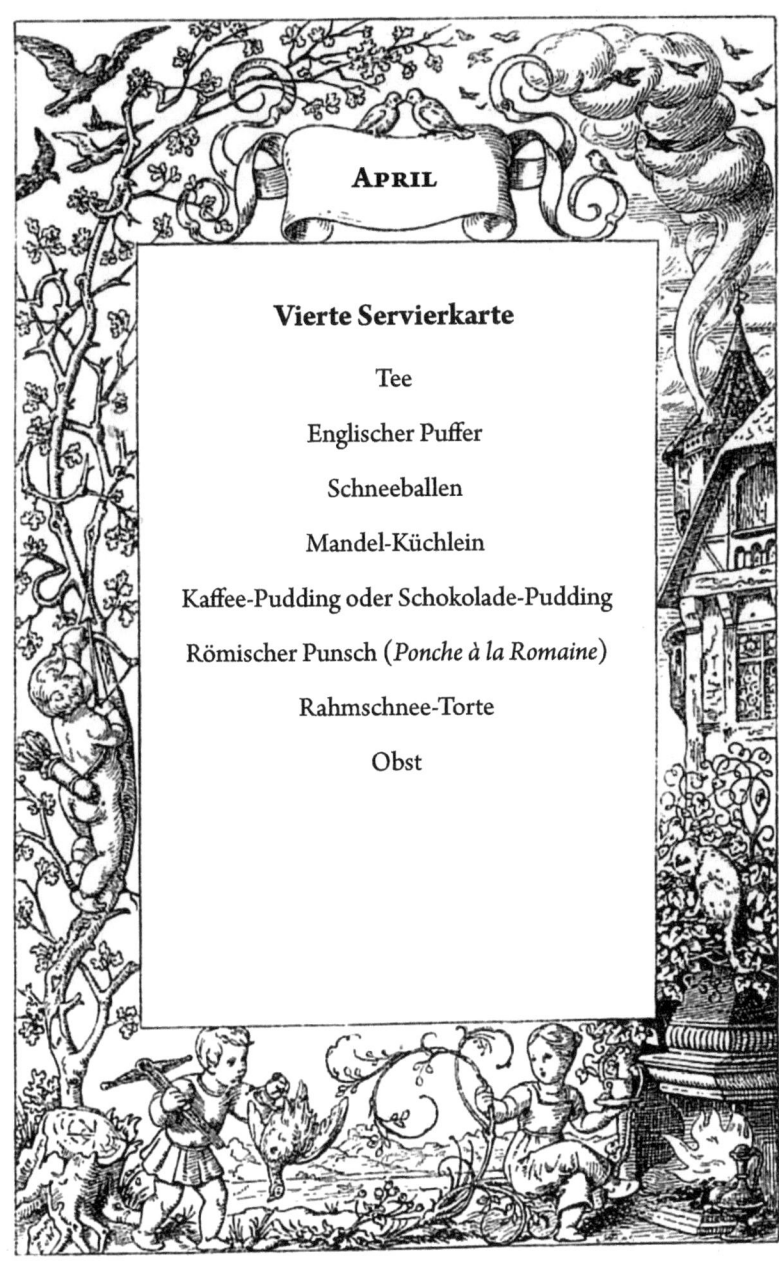

April

Vierte Servierkarte

Tee

Englischer Puffer

Schneeballen

Mandel-Küchlein

Kaffee-Pudding oder Schokolade-Pudding

Römischer Punsch (*Ponche à la Romaine*)

Rahmschnee-Torte

Obst

Englischer Puffer: Man rühre 210 Gramm gestoßenen Zucker mit dem Gelben von 14 Eiern, welches man nach und nach dazu schlägt, eine halbe Stunde lang recht schaumig; füge dann Sukkade und kandierte Orangenschale, kleinwürflig geschnitten, und Korinthen, von jedem 140 Gramm, und das auf dem Reibeisen abgeriebene Gelbe von zwei Zitronen hinzu und menge hierauf den festen Schnee von 14 Eiweiß, 140 Gramm klein zerbröckelte, frische, kalte Butter und 210 Gramm feinstes, gesiebtes Mehl langsam darunter und verrühre es so genau, dass die Masse steif bleibt. Nun wird eine gewundene Form mit Rohr (Gugelhopf-Form) mit zerlassener Butter gut ausgestrichen, mit Mehl bestäubt und die Masse eingefüllt, wonach man den Kuchen eine Stunde lang langsam backt, dann auf ein Sieb zum Auskühlen stürzt und mit Zucker besiebt.

Schneeballen: Man koche ¼ Liter Milch, ¼ Liter feinstes Mehl und 60 Gramm sehr frische Butter unter beständigem Rühren so lange, bis der Teig, welcher auch recht steif sein muss, sich von der Kasserolle löst; rühre, nachdem er erkaltet ist, vier bis fünf Eier, abwechselnd ein ganzes Ei und von einem nur den Dotter, hinein, steche mit einem silbernen Löffel walnussgroße Stückchen davon und backe sie in voller Schmelzbutter, überstreue sie gleich nach dem Backen über und über mit gesiebtem Zucker und serviere warm oder kalt. Sie müssen aufgelaufen und hohl sein und sind dann vortrefflich.

Mandel-Küchlein: Man häufe ¼ Kilo feinstes Mehl auf das Backbrett und mache in die Mitte eine Grube; tue in diese zwei Eidotter, ein ganzes Ei, drei Esslöffel Zucker, zwei Esslöffel Wasser, einen Esslöffel Rum, knete es an einem kühlen Orte schnell zusammen und rolle es zu einem strohhalmdicken Kuchen aus, lege ein mit Mehl leicht überstäubtes Backblech darauf und drehe es um; durchrädele nun mit dem Backrädchen den ganzen Kuchen zuerst schief in lange, drei Querfinger breite Streifen, jedoch ohne sie zu trennen, und dann von der entgegengesetzten Seite ebenso, wodurch sich verschobene, länglich viereckige Küchlein abgezeichnet finden, die man reichlich mit zerlassener, aber nicht zu warmer Butter bestreicht; hierauf vermische man 250 Gramm abgezogene und g a n z fein gewiegte Mandeln mit 250 Gramm gestoßenem Zucker, bestreue den Kuchen damit und backe ihn in einem wohl geheizten Ofen hochgelb, begieße ihn nun sogleich mit viel heißer, ungesalzener Butter und breche die Küchlein dann vorsichtig auseinander.

Kaffee-Pudding: Man mahle 125 Gramm vom feinsten, frisch gebrannten Kaffee, tue ihn in eine kleine Kanne und übergieße ihn mit ¼ Liter kochendem Wasser, rühre ihn gut um, decke ihn fest zu und lasse ihn vier Minuten ziehen; gebe dann in eine größere Kanne 80 Gramm Zucker, gieße den Kaffee durch einen Filtrierbeutel darüber und füge, sowie der Zucker ganz geschmolzen ist, 40 Gramm in Wasser aufgelöste Gelatine hinzu; schlage nun 1 Liter dicken süßen Rahm zu festem Schaum und lasse den unterdessen erkalteten, aber noch vollkommen flüssigen Kaffee wie ein dünnes Schnürchen hineinlaufen, während man den Rahm mit der Schneerute immer kräftig weiter schlägt, die Masse endlich in eine mit Mandelöl bestrichene Form gießt, eben vor dem Servieren stürzt und feines Backwerk dazu reichen lässt, besonders Hohlhippen und Oblaten.

Schokolade-Pudding: Man rühre 210 Gramm feine, mit etwas Wasser über sehr gelindem Feuer aufgelöste Vanille-Schokolade fein ab, vermenge sie dann mit 210 Gramm gestoßenem Zucker, acht Eidottern und schlage sie mit ¼ Liter süßem Rahm, ebenfalls auf gelindem Feuer; tue, wenn diese Creme halb abgekühlt ist, 50 Gramm Hausenblase dazu, seihe das Ganze durch ein Haarsieb in eine Porzellanschale und rühre es kalt. Wenn sodann die Creme zu stocken beginnt, so werden drei Teller voll geschlagenem Rahm mit zwei Obertassen voll ganz kleinen, recht croquant gebackenen Meringues darunter gemischt; man füllt die Masse in eine Form, stellt sie in Eis und stürzt sie beim Gebrauche.

Römischer Punsch (*Ponche à la Romaine*): Man nehme ein Liter Rheinwein, eine Flasche Champagner, eine halbe Flasche feinsten Rum, den Saft von sechs Zitronen oder-Apfelsinen und 250 Gramm Zucker, den man mit kaltem Wasser anfeuchtet, damit er leichter schmilzt; mische dann alles zusammen, fülle es in die Eisbüchse und behandle es wie Gefrorenes, doch muss es dünnflüssig bleiben. Zuletzt schlage man das Weiße von vier Eiern zu steifem Schnee, menge unter denselben 60 Gramm fein gesiebten Zucker, füge dies zu dem Punsch in der Büchse und serviere in Champagnergläsern.

Rahmschnee-Torte: Man rühre 140 Gramm gesiebten Zucker mit acht Eidottern eine halbe Stunde, schlage dann acht Eiweiß zu steifem Schnee und ziehe ihn mit 140 Gramm sehr feinem Mehl langsam, damit die Masse steif bleibe, darunter; bestreiche nun eine runde, flache Tortenform mit Butter, bestäube sie mit Mehl und fülle die Masse hinein; backe sie in einem schwach heißen Ofen langsam lichtbraun und stürze die Torte zum Auskühlen über ein Sieb. Ist sie ganz kalt geworden, so höhle man sie aus, sodass nur ein fingerdicker Rand bleibt, und stelle sie in einen abgekühlten Ofen, dass sie croquant werde, und eben vor dem Servieren wird dann ein Liter Rahmschnee, der mit 140 Gramm Vanillezucker leicht untermengt worden, gehäuft hineingefüllt, glatt gestrichen, außen herum mit kleinem feinem Backwerk, besonders recht frischen Makrönchen garniert und sogleich serviert, wobei nochmals bemerkt wird, dass der Rahmschnee erst e b e n vor dem Servieren eingefüllt werden darf, denn sonst würde die Torte weich werden und viel an ihrer Güte verlieren.

Zu dem Vanillezucker stößt man 140 Gramm Zucker mit einer Stange Vanille und gibt es durch ein Sieb.

Oder mit B l ä t t e r t e i g : schneide man aus messerrückendick ausgerolltem Blätterteig sechs tellergroße Platten, steche mit einem halb so großen Ausstecher in der Mitte eine kleine, runde Platte heraus und kerbe den Rand dieser Kränze etwas ein; bestreiche sie mit Ei, backe sie lichtgelb, bestäube sie mit feinem Zucker und lasse sie bis zum Zerfließen desselben im Ofen. Dann, wenn sie ausgekühlt sind, werden sie mit Aprikosen-Marmelade bestrichen, aufeinander gesetzt und unmittelbar vor dem Servieren mit ½ Liter mit Vanillezucker vermischtem Rahmschnee, in der Mitte gehäuft, angefüllt.

MAI

Fünfte Servierkarte

Tee

Schlesischer Streuselkuchen

Ulmer Brot

Englische Schnitten

Maiwein-Sulz oder Vierfrüchte-Sulz

Kardinal

Zwieback-Torte

Obst

Schlesischer Streuselkuchen: Man bereite aus ½ Kilo Mehl, 30 Gramm Hefe, einer Tasse Milch, einigen Esslöffeln Zucker und zwei wohl verklopften Eidottern in gewöhnlicher Weise einen etwas weichen Hefeteig; rolle ihn, wenn er gut aufgegangen ist, zwei Strohhalm dick aus, mache einen Rand darum, bestreiche den Kuchen wohl mit lauwarmer Butter und bedecke ihn stark fingerdick mit dem nachfolgenden, vorher bereiteten Streusel; bespritze ihn noch reichlich mit Butter und backe ihn im sehr gut geheizten Backofen.

Zum Streusel zerlasse und kläre man ¼ Kilo Butter und mische, wenn sie nur noch lauwarm, jedoch noch vollkommen flüssig ist, 60 Gramm fein gesiebten Zucker darunter und so viel Mehl, dass die Masse dicke Klümpchen bildet, welche man nun ganz leicht und nur einmal zwischen den flachen Händen reibt, sodass dicke Klümpchen, wie eine große Rosine, und auch wieder kleinere entstehen. – Sehr beliebt zum Tee.

Ulmer Brot: Man verrühre ½ Kilo feinstes Mehl mit 1½ Liter süßem Rahm und drei Esslöffeln guter Hefe und lasse es an einem warmen Orte gehen, schlage dann vier ganze Eier und sechs Eidotter dazu und mische ½ Kilo gesiebten Zucker, etwas fein gestoßenen und fein gesiebten Fenchel und noch so viel Mehl darunter, dass es einen nicht zu festen Teig gibt, mache aus diesem längliche Laibchen, lege sie auf Backbleche und backe sie. Wenn sie kalt sind, so werden sie der Quere nach zu dünnen Scheiben geschnitten, im Backofen, aber nur ganz leise, geröstet, denn sie müssen weiß bleiben, und so aufbewahrt. Es hält sich sehr lange, ist sehr beliebt zu Tee und Schokolade und, nebenbei gesagt, besonders für kleine Kinder gesucht, denen Brei daraus gekocht wird.

Englische Schnitte: Man verklopfe 90 Gramm feines Mehl, sechs Eidotter, ½ Liter ein Teil Wasser, zwei Teile warme Milch, mit einer Tasse dickem, saurem Rahm vermischt, Muskatblüte und Salz, recht kräftig, füge dann den steifen Schnee von sechs Eiweiß hinzu und backe es mit Butter zu einem großen, blassgelben Pfannkuchen, schneide ihn zu schrägwinkeligen Stücken, in der Größe eines Kartenblattes, backe sie in voller Schmelzbutter und bestreue sie mit Zucker und Zimt.

Maiwein-Sulz: Man bereite einen recht guten Maiwein, aber ohne Zucker, gieße ihn durch ein Sieb und behandle ihn wie die Rhein-

wein-Sulz, erstes Rezept, mit dem Unterschiede, dass man die Maiwein-Sulz gewöhnlich nicht stürzt, sondern sie in die kleinen, wie Tönnchen geformten Maiwein-Bowlchen füllt und darin serviert; man gibt
auch wohl, wenn die Sulz steif werden will, in jedes Tönnchen zwei bis
drei schöne Erdbeeren. Doch kann man die Sulz auch in eine Form tun,
stürzen und mit einem Kranze von Waldmeister, Erdbeerblüten und
Apfelblüten umlegen.

Vierfrüchte-Sulz: Man bereite sie wie die Rheinwein-Sulz, erstes
Rezept, nehme aber nur die Hälfte Rheinwein und die andere Hälfte vom
Vierfrüchtesaft (s. Konfitüren). Diese Sulz übertrifft wegen ihres ausge-
zeichneten Aromas im Geschmack alle andern.

Kardinal: Man nehme zwei grüne Pomeranzen, fünf Flaschen Rhein-
oder Moselwein, eine Flasche Rotwein (nach Belieben auch einen halben Krug Selterser oder Apollinaris-Wasser) und ½ Kilo Zucker. Die
Schale der Pomeranzen wird mit einem kleinen, scharfen Messerchen so
dünn abgeschält, dass man nur die feine, grüne Schale erhält, die man in
ein Wasserglas legt, solches zur Hälfte mit Wasser füllt, mit Papier zubin-
det und etwa zehn Minuten ziehen lässt. Dann gibt man den Zucker mit
etwas Wasser in die Bowle und gießt, wenn er aufgelöst ist, den Wein
und so viel von dem Pomeranzen-Extrakt hinein, dass der Kardinal einen
feinen Geschmack davon erhalte.

Statt der Pomeranzen kann man drei Apfelsinen und dazu fünf Flaschen Rhein- oder Moselwein und 375 bis 500 Gramm Zucker nehmen,
dann aber nur von einer Apfelsine die Schale; die beiden andern Apfelsinen werden abgezogen, alle drei vom Weißen gereinigt und der Länge
nach in Scheiben geschnitten, in die Bowle getan, gut durchgerührt und
einige Stunden hingestellt.

Zwieback-Torte: Man rühre zwanzig Eidotter mit ½ Kilo gesiebtem
Zucker, 180 Gramm Mandeln, worunter einige bittere, 8 Gramm Zimt,
einem Teelöffel fein gestoßener Gewürznelken, etwas klein geschnittener Sukkade, der abgeriebenen Schale einer Zitrone und deren Saft eine
Viertelstunde ohne Unterlass, worauf man den Schnee von zwanzig
Eiweiß durchrührt und danach 300 Gramm gestoßenen und durchge-
siebten Zwieback recht schnell durch die Masse gibt, diese in die Form

gießt und eine Stunde backen lässt. – Diese ganz vortreffliche, kräftige Torte hält sich sechs Wochen lang frisch und deswegen bereitet man sie gerne etwas groß, denn sonst gibt die Hälfte der hier angegebenen Portion schon eine schöne Torte.

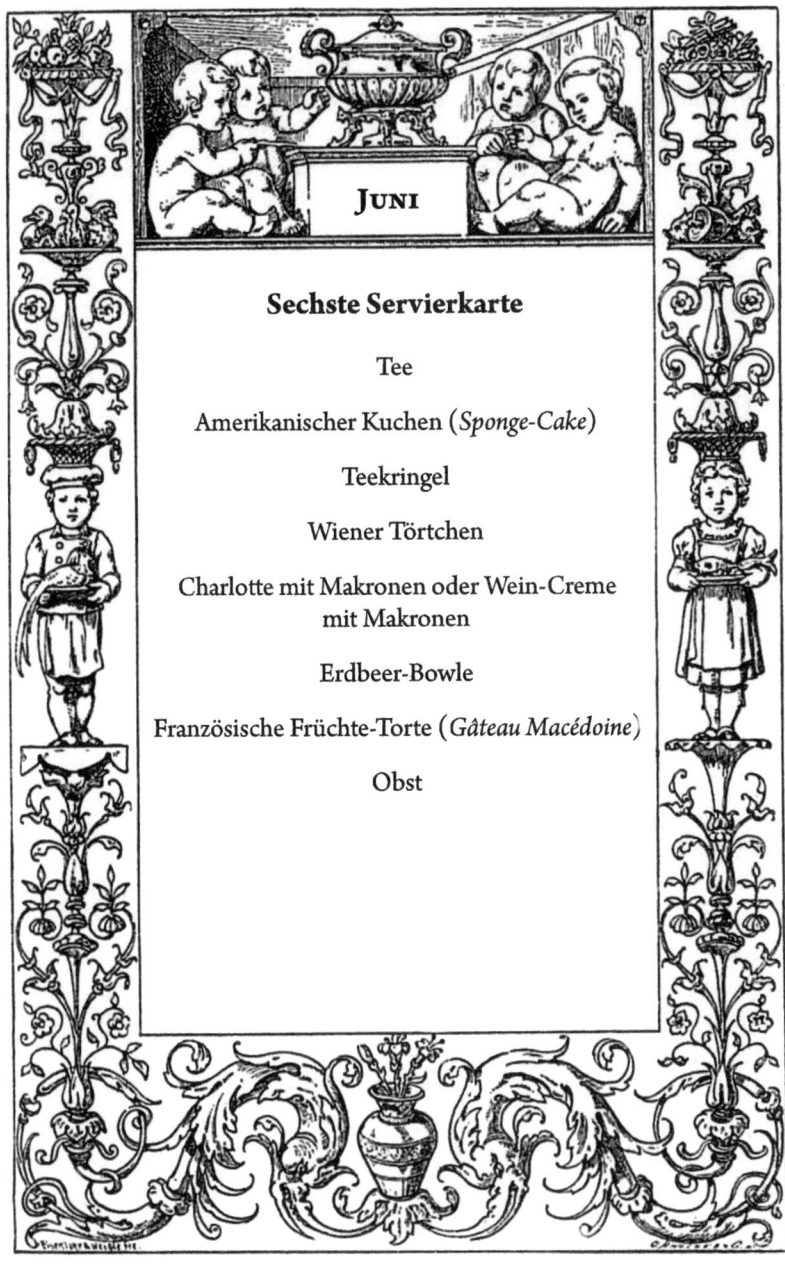

JUNI

Sechste Servierkarte

Tee

Amerikanischer Kuchen (*Sponge-Cake*)

Teekringel

Wiener Törtchen

Charlotte mit Makronen oder Wein-Creme
mit Makronen

Erdbeer-Bowle

Französische Früchte-Torte (*Gâteau Macédoine*)

Obst

101

Amerikanischer Kuchen (*Sponge-Cake*): Man gebe ½ Kilo gestoßenen Zucker mit zwölf Eiern in einen ziemlich großen Topf, stelle diesen ins Bain-Marie und schlage die Masse mit der Schneerute, bis sie warm und recht dick geworden ist; nehme den Topf dann aus dem Wasser und fahre fort zu schlagen, bis sie erkaltet ist, worauf man ½ Kilo fein gesiebtes Mehl und die fein gehackte Schale einer Zitrone mittels eines Holzlöffels leicht darunter rührt, die Masse in eine mit Butter leicht ausgestrichene und mit Mehl leicht bestreute Form füllt und sie in einem mäßig warmen Ofen ungefähr eine Stunde backt, auf ein Sieb stürzt und erkalten lässt. – Lieblingskuchen von Frederica Bremer, als sie sich in Amerika aufhielt.

Teekringel: Man verknete 1 Kilo feines Mehl, 180 Gramm Butter, 60 Gramm gestoßenen Zucker, 15 Gramm fein gestoßenen Zimt, 8 Gramm kandierte, gestoßene Orangeblüten, acht ganze Eier und etwas Salz zu einem festen Teige; rolle ihn federkieldick aus und steche davon mit einem großen Bierglase runde Platten, und diese mit einem kleineren Glase in der Mitte nochmals aus, sodass querfingerbreite Ringe bleiben, die man in kochendes Wasser legt und, sowie dieses wieder aufkochen will, etwas kaltes Wasser hinzugießt, die Kasserolle nun vom Feuer hebt und die Kringeln so lange in dem Wasser lässt, bis sie darauf schwimmen, wonach man sie mit einem Schaumlöffel herausnimmt und auf ein ausgebreitetes Tuch legt, bis sie abgetrocknet sind. Jetzt tue man sie auf ein mit Mehl bestreutes Blech, bestreiche sie mit verklopftem Ei und backe sie in einem mäßig heißen Ofen, bis sie von außen hellgelb und von innen ganz hohl sind.

Wiener Törtchen: Man rühre 375 Gramm Butter mit 250 Gramm Zucker zu Schaum, füge nach und nach vier ganze Eier und sechs Eidotter hinzu, und nachdem dies eine halbe Stunde gerührt worden, etwas abgeriebene Zitronenschale und 250 Gramm mit 175 Gramm Kartoffelmehl vermischtes Weizenmehl; streiche nun die Masse sogleich strohhalmdick auf ein mit Speck leicht überstrichenes Backblech und backe sie bei gelinder Hitze, und sobald der Kuchen aus dem Ofen kommt, steche man gleich und noch warm mit einem runden Ausstecher, recht eng aneinander, kleine Kuchen davon, bestreiche die Hälfte mit Himbeer- oder andrer Gelee, lege auf jeden bestrichenen Kuchen einen unbestrichenen und überziehe die Törtchen mit Zuckerglasur.

Charlotte mit Makronen: Man vermenge ein Liter geschlagenen Rahm leicht mit 35 Gramm Hausenblase und 210 Gramm Vanillezucker, fülle es in eine Ringform und stelle diese in Eis. Beim Gebrauche wird sie auf eine flache Schüssel gestürzt und die äußere Seite ganz mit Makronen, welche man von innen mit Aprikosen-Marmelade bestrichen hat, bis zum Rande belegt und leicht angedrückt. Oben verziert man die Charlotte mit eingemachten, wohl abgetropften Kirschen und füllt den innern Raum mit Himbeerschaum gehäuft an.

Zu diesem nehme man 125 Gramm eingemachte Himbeeren und zwei Esslöffel gesiebten Zucker in eine Schale und schlage das Weiße von vier Eiern zu steifem Schnee; gebe einen Esslöffel davon an die Himbeeren und rühre es eine Weile und so, nach und nach und immer löffelweise, den Schnee hinein. In der Himbeersaison kann man die Charlotte anstatt mit Kirschen mit ausgesucht schönen, frischen Himbeeren verzieren.

Wein-Creme mit Makronen: Man rühre in einer Kasserolle 180 Gramm gestoßenen Zucker mit einem reichlichen Esslöffel Mehl, der auf Zucker abgeriebenen Schale einer Zitrone und dem Safte derselben und acht Eidottern recht glatt, löse es mit einer halben Flasche weißem Wein auf und rühre dies über mäßigem Feuer so lange, bis es eine etwas dicke Masse geworden ist, die man einmal aufkochen lässt und sie dann, noch heiß, mit dem zu steifem Schnee geschlagenen Weißen der acht Eier vermischt. Vorher hat man den Boden einer tiefen Porzellanschale mit Aprikosen- oder Himbeer-Marmelade dick bestrichen, darüber süße und bittere Makronen gelegt und diese mit Maraschino oder feinstem Rum beträufelt, damit sie ein wenig erweichen, gießt nun die heiße Creme darüber, streicht die Oberfläche recht glatt, lässt sie erkalten und garniert sie schließlich mit eingemachten Früchten.

Erdbeer-Bowle: Man bestreue einen gehäuften Suppenteller voll Erdbeeren reichlich mit Zucker, lasse sie so, wenn tunlich, mehrere Stunden zugedeckt stehen und füge dann vier Flaschen weißen Wein, nach Belieben auch eine halbe Flasche Rotwein und, nach Geschmack, Zucker hinzu.

Ebenso von Himbeeren.

Französische Früchte-Torte (Gâteau Macédoine): Man menge aus ½ Kilo Mehl, 250 Gramm Zucker, 300 Gramm Butter, 5 Gramm Zimt, der abgeriebenen Schale einer Zitrone und vier Eiern einen feien Teig, schlage ihn in ein Tuch und lege ihn eine Zeitlang an einen kalten Ort; rolle ihn dann aus, belege eine flache Form (4 Zentimeter Randhöhe etwa) und backe die Törtchen schön hellbraun. Währenddessen habe man Erdbeeren, Himbeeren, rote Johannisbeeren und weiße Johannisbeeren, von jedem einen Teller voll, mit ½ Liter heißem Zuckersirup übergossen, gut durcheinander geschwungen und eine Stunde kalt gestellt, worauf man die Torte damit füllt und die Früchte gleichmäßig auseinander streicht.

Im Winter kann man diese sehr angenehme Torte aus eingemachten Früchten bereiten, roten und weißen Johannisbeeren und klein geschnittenen, eingemachten Nüssen und Aprikosen, natürlich dann ohne Zuckersirup.

Um Zuckersirup zu machen, koche man ½ Kilo besten Melis in zwei Tassen Wasser, unter pünktlichem Abschäumen, bis der Zuckersaft klar und sirupartig erscheint.

JULI

Siebente Servierkarte

Tee

Gusskuchen

Englische Brezeln

Aprikosen-Brötchen

Rote Grütze oder Rotwein-Pudding

Sorbet

Blumen-Torte (*Jardinière de Nice*)

Obst

Gusskuchen: Man bereite einen Teig wie zu dem Streuselkuchen, rolle ihn dünn ans und lege ihn auf ein mit Butter bestrichenes Backblech, indem man das letztere auf den Kuchen legt und, Backbrett und Backblech zusammenhaltend, umwendet. Dann stupfe man den Kuchen leicht mit einer Gabel, mache einen hohen Rand darum und überstreiche ihn mit folgendem Guss: acht Eier werden eine Viertelstunde lang schaumig geschlagen und dann 180 Gramm abgeklärte, heiße Butter rasch, unter beständigem Schlagen der Eier, dazu gegossen, sodass ein dicklicher Guss entsteht, den man eben vor dem Einschieben in den Ofen auf den Kuchen gibt und mit abgebrühten, der Länge nach breit geschnittenen Mandeln und mit Rosinen bestreut, im Backofen backt und gleich nach dem Backen mit Zucker bestreut.

Englische Brezeln: Man koche drei Tassen süßen Rahm mit 15 Gramm ganzem Zimt und der Schale einer Zitrone zu anderthalb Tassen ein und seihe es über 150 Gramm Butter, tue dann 360 Gramm Mehl,. 90 Gramm Zucker, etwas Salz und 45 Gramm Hefe in eine Schüssel und verarbeite dies mit dem Rahm zu einem zarten Teig, dem man, wenn er zu fest sein sollte, noch etwas Rahm zusetzen muss. Nachdem er gegangen ist, werden kleine Brezeln daraus geformt, auf ein mit Butter bestrichenes Backblech gelegt und, wenn sie dann noch einmal gegangen sind, mit Zitronenglasur bestrichen und gebacken.

Aprikosen-Brötchen: Man rühre drei Esslöffel Hefe mit etwas lauwarmer Milch und 125 Gramm Mehl zu einem weichen Teige an und lasse ihn an warmer Stelleaufgehen; bereite dann aus ½ Kilo gewärmtem Mehl, 60 Gramm Zucker, der abgeriebenen Schale einer halben Zitrone, einem halben Teelöffel Salz, drei Eidottern und lauwarmer Milch einen ziemlich festen Teig, mische 125 Gramm geschmolzene Butter und den Hefeteig darunter und schlage die Masse so lange, bis sie locker und blasig ist. Forme mittels ein wenig Mehl sehr kleine, runde Brötchen daraus, lasse sie aufgehen und backe sie in mäßig heißem Ofen schön gelb; reibe nach dem Erkalten die Rinde leicht ab, schneide ein Loch in den Boden, nehme das Weiche heraus und fülle die Brötchen mit Aprikosen-Marmelade; klebe das aufgeschnittene Stück mit etwas Eiweiß wieder darauf, bestreiche die Brötchen mit verklopftem Ei und bestreue sie mit geriebenem Weißbrot, backe sie in voller Schmelzbutter schön gelb und besiebe sie mit Zucker.

Rote Grütze (*Ròdgròd*): Man vermische ½ Liter frisch ausgepressten Saft von Johannisbeeren oder Himbeeren mit 125 Gramm Zucker und so viel frischem Wasser, dass das Ganze ein Liter Flüssigkeit beträgt, bringe diese zu Feuer und gebe, wenn sie kocht, eine Tasse feines Grießmehl, mit kaltem Wasser angerührt, dieses aber wieder rein abgegossen, hinein und rühre es, bis es gar gekocht ist; fülle es in eine mit kaltem Wasser ausgespülte Ringform und lasse es auf Eis durch und durch kalt werden, worauf man es stürzt und in der Mitte den Schaum von ¾ Liter süßem Rahm aufhäuft. – O r i g i n a l r e z e p t   a u s   K o p e n h a g e n.

Rotwein-Pudding: Man lasse anderthalb Flaschen Rotwein warm werden und gebe ⅜ Liter Zucker und 90 Gramm aufgelöste und durchgeseihte Hausenblase hinein, nehme die Masse nun vom Feuer und rühre sie, bis sie erkaltet ist, wonach man noch eine Tasse Madeira, eine halbe Tasse Kirschensaft, welche schöne Farbe gibt, und den Saft einer Zitrone hinzufügt; fülle die Masse in eine mit kaltem Wasser ausgespülte Form, stürze sie und serviere sie mit Rahmschnee oder einer kalten Vanille-Sauce; man kann sie auch in eine Ringform füllen und den Rahmschnee oder folgenden Kirschenschaum darin aufhäufen:

Man nehme zwei Esslöffel voll eingemachte Kirschen ohne alle Brühe auf eine Schüssel und zerschneide sie mit einem Messer; schlage dann drei Eiweiß zu steifem Schaum und rühre ihn nach und nach mit der Schneegabel an die Kirschen.

Sorbet: Man kann ihn aus dem Safte jeder beliebigen Frucht bereiten, .doch wählt man vorzugsweise Pfirsiche, Aprikosen, Himbeeren und Erdbeeren. Die reifen Früchte werden zerdrückt, mit Wasser vermischt und durch eine geruchlose Serviette in eine Bowle geseiht; dann mit zwei Flaschen gutem, weißen Wein und dem Safte von zwei bis drei Zitronen vermischt, nach Geschmack versüßt und recht kalt in Henkelgläsern serviert. Für diese Portion genügen sechs schöne Pfirsiche und dem entsprechend die andern Früchte.

Bei Damen ist er auch ohne Wein oft sehr beliebt und man bereitet ihn dann aus Johannisbeeren, Himbeeren, Erdbeeren oder sauren Kirschen, presst sie in frisches, Wasser (die Kirschen müssen vorher gestoßen werden), wobei man auf ½ Kilo Früchte ein Liter Wasser rechnet, tue 125 Gramm gestoßenen Zucker dazu und rühre es wohl um.

Diese Fruchtwasser sind überaus erfrischend, halten sich aber nur 24 Stunden. Man gibt sie in schönen, recht klaren Flaschen oder Glaskannen. In Frankreich, wo man sie besonders liebt, hat man eigene Services, Kanne, Gläser und Tablett dazu, wie wir es für Maitrank haben.

Blumen-Torte (*Jardinière de Nice*): Es gehören dazu kleine, glatte Blechförmchen, wie kleine Blumentöpfchen, 5 Zentimeter hoch, oben 8½ Zentimeter, unten 5 Zentimeter Durchmesser, und eine Tortenschüssel von weißem Porzellan, mit Fuß und drei Platten verschiedener Größe übereinander, wie ein Blumentisch (Jardinière); die untere Platte etwa für sechs Törtchen, die zweite für drei bis vier, die obere für eins. Man kann sich aber, wo solche Schüsseln nicht zu haben wären, recht gut helfen, wenn man zwei Tortenschüsseln mit Fuß und von ungleicher Größe übereinander stellt und oben darauf eine umgestürzte Tasse ohne Henkel.

Nun bereite man die nötige Anzahl von den nachstehenden Rahmtörtchen, Mandeltörtchen, Rosentörtchen oder Käsetörtchen, und wenn sie kalt geworden sind und serviert werden sollen, so stecke man in jedes eine kleine Blume, möglichst verschieden, oder ein feines Sträußchen, deren Stiele man mit ein wenig Seidenpapier umwickelt hat, und ordne die Törtchen auf die Jardinière. Hat man Rosentörtchen gewählt, so steckt man dann gern nur von den allerkleinsten Röschen, Dijon-Röschen oder Pompon-Röschen, mit einigen grünen Blättchen oder Halmen dabei, hinein.

Es ist eine überraschend schöne Torte, besonders im Winter und bei Licht.

Die sehr guten Törtchen können natürlich auch selbständig und ohne Blumen zu Tee oder Kaffee gegeben werden.

Rahmtörtchen: Man habe dazu kleine, glatte Blechförmchen, wie kleine Blumentöpfchen, 5 Zentimeter hoch, oben 8½ Zentimeter und unten 5 Zentimeter groß, bestreiche sie mit Butter und bestreue sie mit gesiebtem Zwieback, belege sie mit dünn ausgewelltem Blätter- oder mürbem Teige und gebe auf den Boden Rosinen ohne Kerne (Sultaninen) oder eingemachte Kirschen ohne Saft oder kleine Stückchen von eingemachten Aprikosen. Dann nehme man ¼ Liter süßen und ¼ Liter sauren Rahm, 45 Gramm gestoßenen Zucker, anderthalb Esslöffel feines Mehl und sechs Eier, rühre Mehl und Zucker mit etwas von dem süßen Rahm glatt an, dann die Eier dazu, hierauf den sauren Rahm und zuletzt den süßen, gieße es in die Förmchen und backe die Törtchen im Backofen.

Für die nachstehenden Mandeltörtchen, Rosentörtchen und Käsetörtchen werden dieselben Förmchen gebraucht und ebenso mit Teig ausgelegt.

Mandeltörtchen: Man stoße 280 Gramm süße Mandeln mit zwei Eiern sehr fein, tue sie nebst 280 Gramm Zucker, etwas Muskatblüte, der abgeriebenen Schale von zwei Zitronen und acht Eiern, welche man nach und nach dazu schlägt, in eine Schüssel und rühre es recht gut eine halbe Stunde lang; gebe dann sechs Esslöffel dicken süßen Rahm und zwei Esslöffel Mehl hinein, fülle von der Masse in die Förmchen, bestäube sie mit Zucker und backe sie bei mäßiger Ofenhitze.

Rosentörtchen: Man reibe oder stoße 175 Gramm Mandeln mit zwei bis drei Eiweiß sehr fein, verrühre sie gut mit 315 Gramm gestoßenem Zucker, wobei man eine kleine Obertasse voll Rosenwasser nach und nach dazu gießt, und ziehe dann den steifen Schnee von sieben Eiweiß und 35 Gramm Mehl darunter. Die Förmchen müssen mit der Masse beinahe voll angefüllt, mit Zucker gut bestäubt und die Törtchen langsam lichtbraun gebacken werden.

Englische Käsetörtchen (Richmond maids of honour): Diese delikaten, kleinen Törtchen, welche in London sehr beliebt sind, haben ihren Namen, wie der berühmte Londoner Koch Soyer sagte, in einer Zeit erhalten, wo die Ausübung der Kochkunst nicht für eine erniedrigende Beschäftigung derer gehalten wurde, welche dies Backwerk mit ihrem Namen beehrten. Es steht fest, dass sie von den Ehrendamen der Königin Elisabeth von England, † 1603, herstammen, welche einen Palast zu Richmond hatte.

Man vermische ¼ Kilo weißen, weichen Käse (Quarkkäse) durch gutes Rühren mit 180 Gramm frischer Butter, verrühre in einer andern Schale vier Eidotter mit 180 Gramm fein gesiebtem Zucker und gebe danach, unter stetem Rühren, 30 Gramm süße und 30 Gramm bittere, fein gestoßene Mandeln, die abgeriebene Schale von zwei und den Saft von einer Zitrone, eine geriebene halbe Muskatnuss, eine große, recht mehlige, abgekochte, fein geriebene Kartoffel und nach und nach ein Glas Franzbranntwein hinein, vermische dies mit Käse und Butter, fülle es in die Förmchen und backe schnell.

AUGUST

Achte Servierkarte

Tee

Makronenkuchen

Teebrötchen mit Honig

Französische Törtchen (*Madeleines de Commercy*)

Rahm-Creme mit holländischen Waffeln oder
Russische Creme mit Gewürz-Zwieback

Schwedischer Punsch

Aprikosen-Torte

Obst

Makronenkuchen: Man stoße ½ Kilo abgezogene süße und 60 Gramm bittere Mandeln sehr fein, vermische sie wohl mit ½ Kilo fein gestoßenem Zucker und rühre es mit acht zu Schnee geschlagenen Eiweiß, bis es schaumig ist. Hierauf bereite man einen mürben Teig aus 90 Gramm zu Schaum gerührter Butter, 90 Gramm Zucker, zwei Eidottern, einem zu Schaum geschlagenen Eiweiß, etwas Zitronenschale und 180 Gramm feinem Mehl, gebe diese Masse, wenn sie gut gerührt ist, in eine flache Form und backe sie hellgelb, lege den Mandelteig in gleicher Dicke darüber, lasse ihn schön ausbacken und verziere den Kuchen zuletzt mit einem Guss aus zwei zu steifem Schnee geschlagenen Eiweiß und 30 Gramm gesiebtem Zucker, welcher aber weiß bleiben muss und daher nur trocknen darf.

Teebrötchen mit Honig: Man rühre ¼ Kilo Butter leicht, gebe ein Kilo feines Mehl, vier Eier, 125 Gramm Zucker, 125 Gramm Rosinen, 125 Gramm Korinthen und 45 Gramm mit anderthalb Tasse lauwarmer Milch angerührte Hefe daran, schlage es zu einem leichten Teige und lasse es gehen; forme nun Brötchen in Größe einer Untertasse daraus, bestreiche sie, wenn sie wieder gegangen sind, mit Eigelb und Honig und backe sie zu schöner Farbe.

Französische Törtchen (*Madeleines de Commercy*): Man zerlasse in einer Kasserolle 125 Gramm ganz frische Butter, füge ebenso viel Mehl, ebenso viel Zucker, die sehr fein geschnittene Schale einer halben Zitrone, vier Eidotter und den Schnee von vier Eiweiß hinzu und verrühre das Ganze mit einem Löffel, bestreiche dann kleine Förmchen mit Butter, fülle von der Masse hinein und backe die Törtchen drei Viertelstunden lang im Backofen.

Rahm-Creme: Man stelle ein Liter süßen Rahm, ein Liter guten, weißen Wein, am besten Rheinwein, 250 Gramm fein gesiebten Zucker, den Saft einer Zitrone und die auf Zucker abgeriebene Schale von zwei Zitronen eine Stunde lang auf ungesalzenes Eis, schlage es dann in einem recht weiten Topfe mit der Schneerute zu dickem Schaum und serviere in kleinen Gläsern, mit Teelöffeln und h o l l ä n d i s c h e n W a f f e l n dabei. – Besonders angenehm im Sommer.

Holländische Waffeln: Man gebe 300 Gramm Mehl, 200 Gramm Zucker, 140 Gramm Butter, die abgeriebene Schale einer Zitrone und eine Prise Salz auf das Backbrett, menge es mit einem Esslöffel Rum, einem Ei und einem Eigelb zu einem schönen, glatten Teig und teile ihn hernach in Stückchen wie ein kleines Hühnerei; lege nun ein solches Stückchen in ein gewöhnliches, breites, heißes Waffeleisen, drücke es vorsichtig zu, damit die Waffel eine gute Form erhalte, lasse sie auf beiden Seiten, während man sie einmal umdreht, schön goldgelb backen und tue sie auf ein Sieb.

Sie werden kalt gegeben, häufig mit Johannisbeer-Gelee dabei oder zu Cremes und Gefrorenem.

Russische Creme: Man rühre zwölf frische Eidotter mit zwölf Esslöffeln gesiebtem Zucker recht schaumig, füge zwölf Esslöffel süßen Rahm und ebenso viel feinen Rum hinzu und serviere in Creme-Tassen oder Punschgläsern mit Gewürz-Zwieback. – Bei Herrn sehr beliebt.

Gewürz-Zwieback: Man rühre 250 Gramm fein gesiebten Zucker mit vier kleinen Eiern eine halbe Stunde und dann abgeriebene Zitronenschale, gröblich gestoßene Gewürznelken, Zimt und Vanille, von jedem eine Messerspitze voll, 60 Gramm klein geschnittene Sukkade, 180 Gramm feinstiftlich geschnittene Mandeln und 250 Gramm feines, recht trockenes Mehl darunter. Diese Masse wird nun in acht Zentimeter breite und zwei Querfinger hohe, mit Butter ausgestrichene Papierkapseln halbvoll gefüllt und gebacken, noch heiß in Scheiben geschnitten und im Backofen auf beiden Seiten weißgelb geröstet.

Schwedischer Punsch: Man nehme auf 12 Liter kochendes Wasser zwei Kilo Zucker, gieße, wenn dieser ganz aufgelöst ist, sechzehn Liter feinsten echten Arrak hinzu, setze den Kessel aufs Feuer und lasse ihn so lange darauf, bis sich die Flüssigkeit, welche man beständig aufziehen muss (d.h. mit einem großen Löffel aufnehmen und wieder zurückgießen), zu einer sirupähnlichen Masse gebildet hat, die man in Porzellangefäße schüttet, nach dem Abkühlen in Flaschen füllt und in den Keller legt. Er wird je älter, je besser.

Beim Gebrauche verdünnt man ihn mit leichtem weißen Wein, mit Champagner oder auch mit Mineralwasser und nimmt meistens ein Drittel von dem Punsch und zwei Drittel andre Flüssigkeit.

Aprikosen-Torte: Man schneide zwanzig bis dreißig Aprikosen entzwei, nehme die Kerne heraus, klopfe sie auf und schäle und stoße die innern Kerne wie Mandeln; schneide die Schale einer halben Zitrone fein und koche alles zusammen in ¼ Kilo geläutertem Zucker, bis die Aprikosen weich sind, worauf man es zum Erkalten in eine Schüssel tut. Nun belege man eine Tortenform mit zweimesserrückendick ausgerolltem Blätterteig oder mürbem Teig, fülle die Aprikosen hinein und bestreue sie mit 125 Gramm gröblich gestoßenen Mandeln, die mit einem geriebenen, mürben Weißbrötchen, 60 Gramm gestoßenem Zucker und einem Teelöffel gestoßenem Zimt vermischt werden, lege noch etwas frische Butter in kleinen Brückchen darauf und backe die Torte in nicht zu heißem Ofen.

Dieselbe kann auch von eingemachten Aprikosen gemacht werden und besonders eignen sich die in Büchsen eingemachten Aprikosen dazu, wobei man natürlich allen Saft ablaufen lässt, die Aprikosen ohne weitere Zubereitung auf den Teig legt und dem, womit sie bestreut werden, die Zitronenschale beifügt.

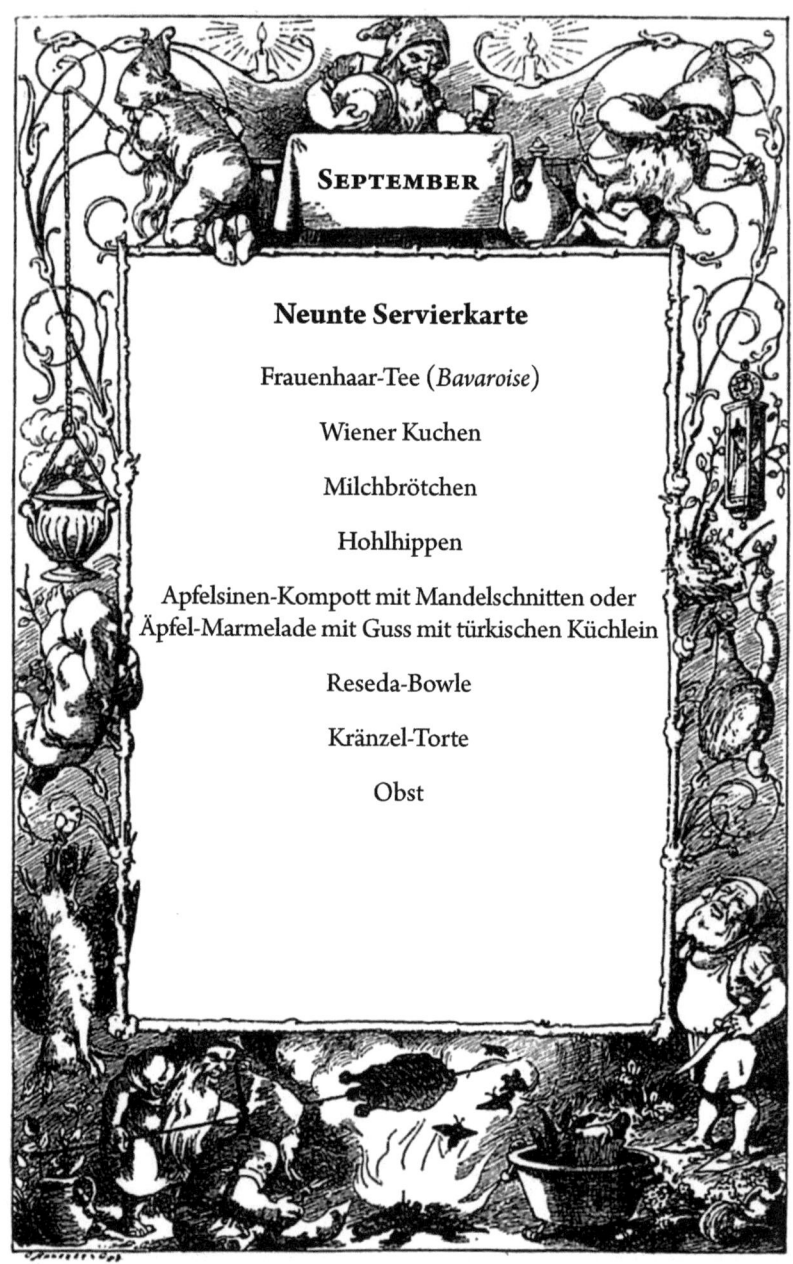

SEPTEMBER

Neunte Servierkarte

Frauenhaar-Tee (*Bavaroise*)

Wiener Kuchen

Milchbrötchen

Hohlhippen

Apfelsinen-Kompott mit Mandelschnitten oder
Äpfel-Marmelade mit Guss mit türkischen Küchlein

Reseda-Bowle

Kränzel-Torte

Obst

Frauenhaar-Tee (*Bavaroise*): Man gebe so viel Frauenhaar-Tee, als man leicht zwischen zwei Fingern fassen kann, in eine kleine Teekanne, übergieße ihn mit ¼ Liter siedendem Wasser und lasse es einige Minuten ziehen; dann habe man für diese Portion drei etwa ¼ Liter haltende Gläser zum vierten Teil mit Zucker in Stücken gefüllt, gieße den Aufguss durch ein Siebchen hinein und, wenn der Zucker sich aufgelöst hat, abgekochte, aber wieder nur lauwarm gewordene Milch dazu und serviere mit Milchbrötchen und kleinem mürbem Backwerk.

Wiener Kuchen: Man zerlasse 125 Gramm Butter in anderthalb Glas Milch und menge damit ½ Kilo Mehl an; füge zwei bis drei Esslöffel Hefe und 30 Gramm gestoßenen Zucker hinzu, schlage diesen Teig, bis er sich von Schüssel und Löffel löst, und lasse ihn langsam gehen; rolle hierauf den dritten Teil desselben zu einer runden Platte und lege sie auf ein mit Butter bestrichenes und mit Mehl bestreutes Backblech; vermische nun 30 Gramm Rosinen, 30 Gramm Korinthen, 30 Gramm abgezogene, länglich geschnittene Mandeln, 30 Gramm Zucker und die fein gewiegte Schale einer Zitrone mit einem halben Eiweiß und belege die Teigplatte damit; fülle den Rest des Teiges darüber und lasse es wieder gehen, und ehe man den Kuchen in den Ofen tut, bestreicht man ihn mit dem übrigen Eiweiß und streut Zucker und länglich geschnittene Mandeln darauf.

Milchbrötchen: Man nehme 625 Gramm Mehl, 60 Gramm Butter, 60 Gramm Hefe, zwei Eier und Milch; mache mit der Hefe und etwas lauwarmer Milch in die Mitte des Mehls einen kleinen Vorteig, füge, wenn er gegangen ist, Butter, Eier und ein wenig Zucker hinzu und menge es mit der Milch zu einem flotten Teige, den man mit der Hand kräftig schlägt, bis er Blasen wirft; lasse ihn nun wieder gehen, forme dann runde Brötchen, die abermals gehen müssen, bestreiche sie mit verklopftem Ei und backe sie etwa eine Viertelstunde lang im Backofen. – Sehr gut.

Hohlhippen: Man rühre 140 Gramm Mehl, 70 Gramm Zucker, 8 Gramm Zimt, ¼ Liter Milch und ein Ei wohl untereinander und dann noch 70 Gramm zerlassene Butter dazu; erhitze nun das Hohlhippen-Eisen über schwachem Feuer, und wenn es beim Aufmachen leichten Rauch gibt, so ist es heiß genug; man bestreicht es nun mittels eines Pinsels mit geschmolzener Butter, lässt es einen Augenblick abtropfen und gießt von der Masse hinein, macht es leicht zu, legt es wieder über das Feuer und presst das Eisen erst nach und nach zusammen, damit die Zeichnung desselben genau in die Hohlhippe geprägt werde, denn wenn man das Eisen gleich von Anfang zusammenpresst, so fällt der Teig auseinander und die Hohlhippe wird löcherig. Ist das Eisen nun fest geschlossen, so wird es umgewendet und nach einer Minute aufgemacht, die Hohlhippe, welche eine gelbrote Farbe haben muss, aus dem Eisen genommen und über ein fingerdickes Hölzchen gerollt.

Man muss besonders darauf sehen, dass das Feuer gleichmäßig unterhalten werde und das Eisen in gleicher Hitze bleibe; zum Backen von Hohlhippen, Oblaten und ähnlichem Backwerk eignet sich nichts besser als Holzkohlen. Man legt sie in dem sogenannten Kasserolleloch des Herdes locker übereinander, zündet sie an und stellt einen Rost darüber, damit das Hippeneisen nicht unmittelbar auf die Kohlen gelegt werde, sondern ein Raum von einigen Querfingern zwischen den Kohlen und dem Eisen frei bleibe. Die Kohlen müssen aber schon durchglüht sein, wenn man zu backen beginnt, weil sonst Kohlendampf an das Backwerk ziehen.

Apfelsinen-Kompott: Man schneide von acht Stück gleich großen, schönen Apfelsinen einen Deckel ab und höhle sie vorsichtig aus, wonach man die Schale fein auszackt und von dem Herausgenommenen den Saft leicht auspresst. Nun schäle man acht andre Apfelsinen, löse auch das feine, weiße Häutchen sorgsam ab, nehme die Kerne heraus und schneide die Apfelsinen selbst in kleine Stückchen, welche man mit ebenso viel zerschnittenen, eingemachten Ananasscheiben und ebenso viel eingemachten, gut abgetropften Kirschen vermengt. Der Saft der Apfelsinen wird mit 250 Gramm fein gestoßenem Zucker vermischt, über das Ganze gegossen, dies zugedeckt in Eis gestellt und kurz vor dem Anrichten in die Apfelsinenschalen gefüllt. Dann lege man die Deckel darauf, ordne die Früchte gehäuft in eine Schale, am besten Kristallschale mit Fuß, stecke frische Orangeblätter dazwischen und lasse Mandelschnitten dazu reichen.

Mandelschnitten: Man verrühre 125 Gramm abgezogene und gestoßene Mandeln, 125 Gramm Zucker und vier Eiweiß; gieße es auf ein mit Butter bestrichenes Backblech und backe es hellgelb; schneide es, noch heiß, in schmale Stücke und biege sie über ein rundes Holz.

Äpfel-Marmelade mit Guss (*Pommes meringuées*): Man schneide acht bis zehn Äpfel in vier Teile und die Kernhäuser heraus, dämpfe sie mit anderthalb Glas Wasser weich und streiche sie durch ein Haarsieb; gebe dann 180 Gramm Zucker nebst der abgeriebenen Schale einer halben Zitrone in eine Kasserolle, die Äpfel dazu, koche sie unter beständigem Rühren zu einer steifen, schönen Marmelade und richte sie, etwas erhaben, in einer Schale an; schlage zwei bis drei Eiweiß zu steifem Schnee, vermische ihn mit ebenso viel Esslöffeln gesiebtem Zucker, an dem man Zitronenschale abgerieben hat, und streiche von dieser Masse fingerdick über die gänzlich erkaltete Marmelade, besiebe sie mit Zucker, stelle sie in den nicht zu heißen Backofen, bis der Schnee eine schöne Farbe, wie Biskuit, hat und serviere kalt mit t ü r k i s c h e n   K ü c h l e i n dabei.

Türkische Küchlein: Man streiche fünf hart gekochte Eidotter durch ein feines Sieb, tue 250 Gramm feinstes Weizenmehl, 190 Gramm ausgewaschene Butter, 60 Gramm fein gestoßenen Zucker und eine halbe Tasse kaltes Wasser dazu und verarbeite alles schnell zu einem Teige, den man messerrückendick ausrollt und mit einem nicht zu kleinen Ausstecher in Form eines halben Mondes aussticht, mit verklopftem Ei bestreicht, mit Grobzucker bestreut und auf einem leicht mit Butter bestrichenen Backblech backt.

Reseda-Bowle: Man schneide schöne, frische Resedablüten mit einem feinen Scherchen ab, gieße weißen Wein darüber und füge Zucker hinzu, bedecke die Terrine und lasse es eine halbe Stunde ziehen. Diese aromatische, besonders bei den Damen beliebte Bowle ist in den Monaten August und September am besten und man rechnet auf die Flasche Wein fünfzehn bis zwanzig Blüten und 125 Gramm Zucker.

Kränzel-Torte: Man knete aus 270 Gramm feinem Mehl, 180 Gramm frischer Butter, 90 Gramm Zucker, zwei Eidottern und ein paar Esslöffeln weißem Wein einen Teig, rolle ihn mehrmals aus und zuletzt von dem größten Teil eine Platte, die man auf ein Backblech legt, eine Schüssel, so groß wie man die Torte haben will, darauf, und den Teig rund herum abschneidet. Dann lege man eine kleinere Schüssel darüber, dass ein Rand von stark zwei Querfingerbreite frei bleibt, bestreiche diesen reichlich mit Eiweiß, bestreue ihn gleich mit geschnittenen und stark mit

Zucker vermischten Mandeln und hebe die Schüssel ab. Der übrige Teig wird dünn ausgerollt und man sticht mit einem kleinen Weinglas Kuchen daraus, die noch einmal mit einem Likörglas ausgestochen, mit Eiweiß bestrichen und mit der bestrichenen Seite in grob gestoßenen Zucker getaucht werden. Diese Kränzchen legt man nun inwendig an den Mandelrand auf die Torte und eins in die Mitte, backt die Torte bei nicht zu starker Hitze schön gelb und steche während des Backens bisweilen hinein, dass sie keine Blasen bekomme. Vor dem Servieren legt man dann in jedes Kränzchen etwas Eingemachtes, Kirschen, Aprikosen-Marmelade, Johannisbeer-Gelee oder dergleichen.

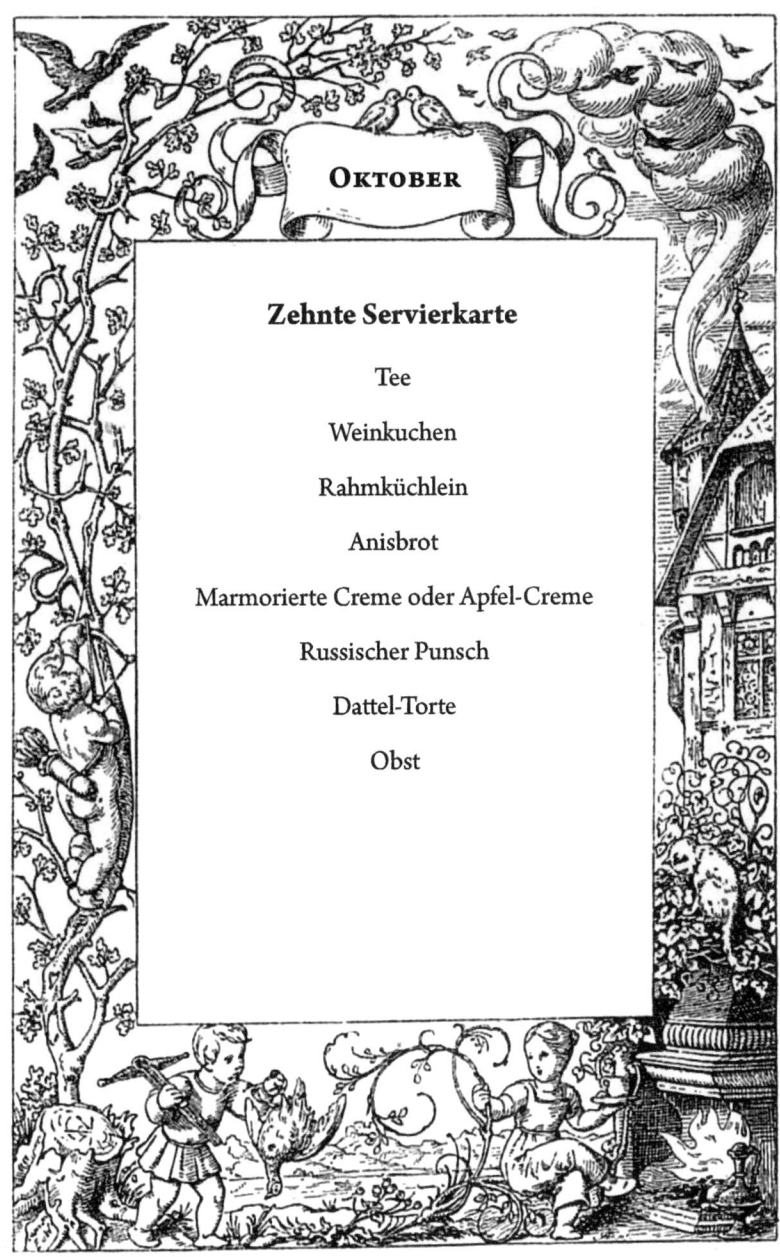

OKTOBER

Zehnte Servierkarte

Tee

Weinkuchen

Rahmküchlein

Anisbrot

Marmorierte Creme oder Apfel-Creme

Russischer Punsch

Dattel-Torte

Obst

Weinkuchen: Man schlage neun ganze Eier mit 180 Gramm fein gestoßenem Zucker eine Viertelstunde lang mit einer Schneerute, rühre dann
180 Gramm geröstetes und fein gestoßenes Weißbrot oder Schwarzbrot,
8 Gramm Zimt, 4 Gramm Gewürznelken und 8 Gramm fein geschnittene
Zitronenschale darunter, fülle es in eine Form und backe es bei mittlerer
Hitze. Hierauf, wenn der Kuchen gestürzt und ausgekühlt ist, lässt man
½ Liter Wein mit 15 Gramm ganzem Zimt und 60 Gramm Zucker aufkochen und gießt dies nach und nach in den Kuchen, bis dieser es vollständig eingesaugt hat. Er lässt sich lange aufbewahren.

Rahmküchlein: Man rühre 280 Gramm Butter mit vier ganzen Eiern und
vier Dottern zu Schaum, füge etwas Muskatblüte, eine Tasse süßen Rahm
und 420 Gramm Mehl nach und nach hinzu und lasse diese Masse eine
Stunde lang an einem kühlen Orte stehen, damit sie kalt und steif werde;
dann rollt man sie messerrückendick aus, sticht runde Küchlein in der
Größe eines kleinen Weinglases daraus und bestreicht sie mit zusammen
verklopftem Rahm und Eidottern, legt sie über mit Butter bestrichenem
Papier auf ein Backblech, backt sie in guter Hitze und bestreut sie hernach
mit Zucker und Zimt oder mit Vanillezucker. Sie müssen aufgelaufen und
innen hohl sein.

Anisbrot: Man gebe ein Kilo Mehl in eine Schüssel, rühre die Hälfte davon
mit 30 Gramm Hefe und anderthalb Tassen Milch an und lasse es gehen;
hierauf tue man zwei ganze Eier, zwei Eidotter, 125 Gramm Zucker, vier
Teelöffel Aniskörner und die abgeriebene Schale einer Zitrone dazu und
arbeite den Teig so lange, bis die Aniskörner hinausfallen; forme dann vier
lange Laibchen daraus, setze sie auf ein mit Mehl bestäubtes Backblech
und backe sie, wenn sie noch einmal gegangen sind, schön gelb. Man kann
dies Anisbrot sowohl frisch geben oder zu Scheiben geschnitten und im
Backofen geröstet; in letzterem Falle hält es sich auch lange.

Marmorierte Creme: Man verklopfe ein Liter süßen Rahm mit zwölf
Eidottern, füge 125 Gramm Zucker, an dem die Schale einer Zitrone
abgerieben worden, und ein Stück Vanille hinzu und lasse es auf gelindem
Feuer einmal aufkochen; ziehe nun den Schnee von zwölf Eiweiß langsam
darunter und gebe die Masse in eine tiefe Schale; gieße eine Tasse voll
roten Johannisbeersaft darüber, rühre die Creme mit einem hölzernen

Stäbchen sachte darunter, wodurch sie marmoriert erscheint, und setze die Schale in einen mäßig heißen Ofen, bis sie steif wird, oder noch besser, ins Bain-Marie, wo man sich dann aber sehr in Acht nehmen muss, dass das Wasser nicht hineinkoche.

Apfel-Creme: Man schäle fünf gebratene Äpfel, treibe sie durch ein Sieb und gebe 250 Gramm gestoßenen Zucker, die abgeriebene Schale einer Zitrone und ein zu Schnee geschlagenes Eiweiß dazu, rühre es eine Stunde lang recht kräftig und richte in einer Schale an.

Da diese gute Creme sehr steif ist, so lässt sie sich besonders hübsch verzieren, namentlich mit Blumen aus eingemachten Früchten: Stiefmütterchen (Pesées) aus eingemachten Nüssen und Aprikosen; Fuchsien, Nelken, Rosen, Rosenknospen aus steifem Johannisbeer-Gelee; Sternblumen aus Zuckergurken, das Herz aus gehacktem Quitten-Gelee usw. Die Blätter aus Pfirsich, Sukkade oder Angelika.

Russischer Punsch (kalt bereitet): Man verklopfe zwölf frische Eidotter mit ½ Kilo fein gestoßenem Zucker, einer Prise Zimt und einer halben geriebenen Muskatnuss, gebe nach und nach eine Flasche Rum, Arrak oder Kognak, jedenfalls aber feinster Qualität, und danach ein Liter dicken, süßen Rahm dazu, klopfe es zehn Minuten mit der Schneerute und gieße es dann durch ein Sieb.

Dattel-Torte: Man rühre 375 Gramm fein gesiebten Zucker mit acht Eiweiß recht schaumig und füge 375 Gramm sehr fein geschnittene, nicht abgezogene Mandeln und 375 Gramm länglich geschnittene Datteln hinzu. Dann menge man einen mürben Teig aus 180 Gramm feinem Mehl, 90 Gramm zu Schaum gerührter Butter, 90 Gramm Zucker, zwei Eidottern, einem zu Schnee geschlagenen Eiweiß und etwas fein geschnittener Zitronenschale; tue diese Masse, wenn sie gut gerührt ist, in eine Tortenform und backe sie im Backrohr hellgelb; gebe den Datteilteig dann gleichförmig darüber und lasse ihn biskuitfarbig ausbacken. Zuletzt verziert man die Torte mit einer Mischung aus zwei zu steifem Schnee geschlagenen Eiweiß und 30 Gramm gesiebtem Zucker, welches aber weiß bleiben und daher mehr trocknen als backen muss, und vor dem Servieren noch mit eingemachten Früchten. Hübsch und apart macht es sich, wenn man von der Mischung einen zackigen Kranz auf die Torte legt und in die Mitte einen schönen Dattelzweig.

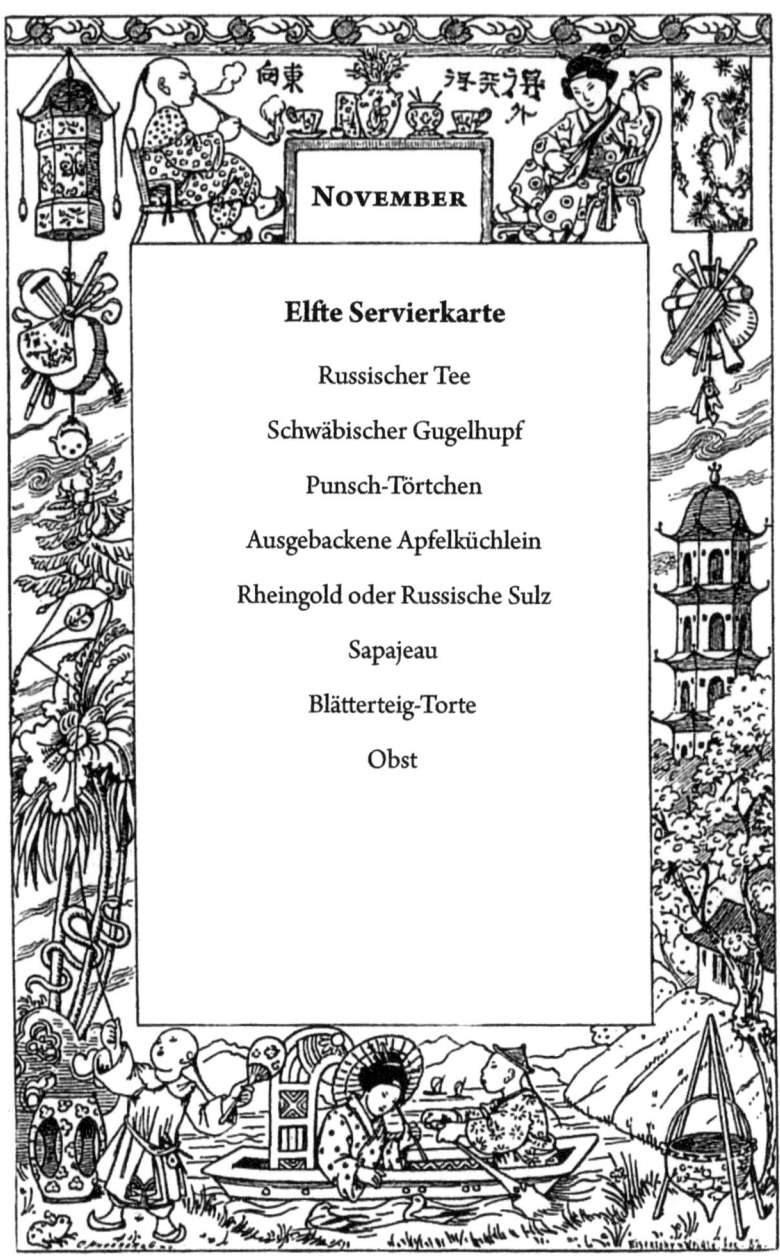

NOVEMBER

Elfte Servierkarte

Russischer Tee

Schwäbischer Gugelhupf

Punsch-Törtchen

Ausgebackene Apfelküchlein

Rheingold oder Russische Sulz

Sapajeau

Blätterteig-Torte

Obst

Russischer Tee: Man lasse zwei Liter Milch siedend werden und dann 35 Gramm feinsten Tee einmal darin aufkochen; seihe die Milch durch, stoße eine Stange Vanille mit 280 Gramm Zucker fein und gebe es dazu; bringe den Tee wieder zu Feuer, und wenn er wieder kocht, so verrühre man sechs Eidotter recht gut mit etwas kalter Milch und tue sie durch ein Sieb, legiere den Tee damit, sprudele ihn etwas schaumig und serviere warm in Tassen.

Schwäbischer Gugelhupf: Man lasse ½ Kilo Butter auf dem Herde nur ein wenig weich werden und rühre sie dann zu Schaum, welches eine Viertelstunde dauern kann, und wenn sie weiß und flaumig ist, so kommen zwölf Eidotter, 375 Gramm recht trockenes, durchgesiebtes, feines Mehl, 60 Gramm Zucker, ein Teelöffel Salz, vier Esslöffel dicke Hefe oder 60 Gramm trockene Hefe dazu, und zwar gibt man alle fünf Minuten unter beständigem Rühren einen Eidotter und ungefähr einen Esslöffel Mehl hinein und erst, wenn Eidotter und Mehl eingerührt sind, so fügt man Zucker, Salz und Hefe hinzu, füllt die Masse in die mit geklärter Butter bestrichene und mit Kartoffelmehl bestreute Gugelhupfform (Schneckenform), jedoch nur halbvoll, und stellt sie zum Gehen an einen lauwarmen Ort, bis der Teig noch einmal so hoch gestiegen ist, und backt ihn dann etwa eine Stunde lang in einem mäßig heißen Ofen, stürzt ihn behutsam zum Abkühlen über ein Sieb und lässt ihn so erkalten. – Vorzüglich, fast wie Biskuit.

Punsch-Törtchen: Man bereite aus ½ Kilo Butter, 125 Gramm fein gesiebtem Zucker, 125 Gramm Kartoffelmehl, 375 Gramm Weizenmehl, zwei ganzen Eiern und vier Eidottern rasch einen Teig, treibe ihn strohhalmdick aus und forme kleine Kuchen daraus, biege den Rand um und bestreiche ihn mit verklopftem Ei, lege die Kuchen auf ein mit Butter bestrichenes Backblech und backe sie in gelinder Hitze. Sobald sie dann gebacken und erkaltet sind, zerkrümelt man einige derselben und streut diese Krümeln strohhalmdick auf die andern, besprengt sie ziemlich stark mit Rum, den man mit etwas Zitronensaft vermischt hat, gibt fein gestoßenen Zucker, an dem Zitronenschale abgerieben worden, darüber und stellt sie einzeln nebeneinander. Der Zucker zieht in Kurzem die Feuchtigkeit des Rums an sich, ohne deshalb zu zerfließen, und bildet eine Art sandigen Guss über die Törtchen.

Ausgebackene Apfelküchlein: Man schäle gute, gleich große Äpfel, steche das Kernhaus heraus und schneide sie zu schönen Scheiben, überstreue sie mit Zucker, an dem man eine Zitrone abreiben kann, übergieße
sie mit etwas Rum oder Kognak und lasse sie so etwa eine halbe Stunde
stehen und dann gut abtropfen; wende sie hierauf in Backteig um und
backe sie in voller Schmelzbutter, bestäube sie mit gesiebtem Zucker und
richte sie kranzförmig, eins immer ein wenig über dem andren liegend, an.

Rheingold: Man gebe Rheinwein-Sulz (erstes Rezept), wenn sie kalt ist
aber noch nicht sulzen will, in ein angemessen großes Gefäß und schlage
sie recht scharf mit der Schneerute, sodass ein goldiger Schaum entsteht,
den man, sowie er anfängt steif zu werden, in einer Schale gehäuft anrich-
tet und mit eingemachten oder überzuckerten Früchten (s. Verschiedenes) umlegt.

Russische Sulz: Man übergieße 375 Gramm in kleine Stücke geschlagenen Zucker mit anderthalb Glas Wasser, in welchem der vierte Teil
eines Eiweißes verklopft worden, und lasse ihn in einer Einmachkasse-
rolle einmal aufkochen; füge dann einige Esslöffel kaltes Wasser hinzu,
lasse ihn unter sorgfältigem Abschäumen wieder aufkochen und mit dem
Safte einer Zitrone langsam so lange kochen, bis der Zucker kristallhell
geworden ist; in diesen Sirup gibt man nun, sowie er etwas ausgekühlt ist,
die fein abgeschälte Schale von zwei Zitronen, und wenn er erkaltet ist,
30 Gramm geklärte und dick eingekochte Hausenblase, gießt es durch
eine in kaltem Wasser ausgewaschene und gut ausgerungene Serviette
und vermische es mit einer halben Flasche gutem weißen Wein und,
nach Geschmack, mit etwas Arrak, zwei Esslöffeln etwa, setze es auf nicht
gesalzenes Eis und, wenn es stocken will, so wird es mit dem Schneebesen schaumig weiß geschlagen und dann in die Form gefüllt.

Es kann diese Sulz auch mit eingemachten Früchten vermischt
werden und man schneidet dann eingemachte Nüsse, Aprikosen, Oran-
geschalen und Kirschen, wohl abgetropft natürlich, in kleine Würfel und
mischt sie behutsam und gleichmäßig unter die Sulz, ehe man sie in die
Form einfüllt.

Sapajeau: Man reibe die Schale von vier schönen Apfelsinen auf Zucker
ab, schabe dies von dem Zucker herunter und tue es nebst dem Safte der

Apfelsinen,280 Gramm Zucker, sechs ganzen Eiern und vier Eidottern in eine Kasserolle, mische es mit der Schneerute gut untereinander, füge ein Liter guten, weißen Wein hinzu und schlage es über gelindem Feuer so lange mit der Rute, bis es kochend heiß und recht schaumig geworden ist. Zuletzt wird noch eine Tasse Maraschino dazu gegossen und der Sapajeau in kleinen Gläsern oder Tassen warm serviert. Aus Z i t r o n e n kann man ihn ebenfalls bereiten.

Blätterteig-Torte: Man rolle Blätterteig halbfingerdick aus und schneide ihn zu einer runden Platte von etwa 30 Zentimeter Durchmesser und aus der Mitte dieser Platte wieder eine von 27 Zentimeter Durchmesser. Die herausgeschnittene Platte wird dann wieder auf 30 Zentimeter ausgerollt, halbfingerdick mit eingemachten Früchten, besonders Marmelade, belegt, jedoch nicht ganz bis zum Rande hin, des hernach auszulegenden, von der Torte abgeschnittenen Reifes wegen, und die Torte nun überflochten. Man rollt dazu etwas von dem übrig gebliebenen Teige aus, rädelt ihn mit dem Backrädchen zu schmalen Streifen und legt davon zuerst in die Mitte zwei Streifen über Kreuz, dann an jede Seite des ersten Streifens einen Streifen und an jede Seite des zweiten Streifens auch einen Streifen und fährt so abwechselnd fort, bis die Torte ganz überflochten ist, stutzt nun die Streifen, wo sie überstehen, ab, legt den Reif auf, bestreicht sämtlichen Teig mit verklopftem Ei, wobei man sich in Acht nehmen muss, dass nichts an der Seite herunterlaufe, weil er an dieser Stelle nicht aufgehen würde, und backt die Torte bei nicht zu starker Hitze.

Statt eingemachter Früchte kann man als Fülle auch Äpfel nehmen, ganz fein geschnitzelt und mit Zucker, Zimt, Korinthen, Mandeln und Zitronenschale vermischt; auch kann die Torte ohne Fülle, bloß mit dem Reif versehen, gebacken und hernach Eingemachtes oder feiner Kompott darauf getan werden; man muss dann aber die Platte mit der Messerspitze leicht stupfen, damit sie beim Backen keine Blasen bekomme.

DEZEMBER

Zwölfte Servierkarte

Tee

Gelber Weihnachts-Kringel

Englische Weihnachts-Pastetchen (*Mince-Pies*)

Sandwaffeln

Apfelsinen-Pudding oder Zitronen-Pudding

Berliner Jagdpunsch

Torte mit Ananas

Obst

Nürnberger Lebkuchen

Schokolade-Brötchen

Vanille-Küchlein

Bauern-Küchlein

Gelbe Weihnachtskringel: Man lasse in ½ Liter Milch so viel Safran über schwachem Feuer zergehen, dass die Milch dunkelgelb wird, und gieße sie durch ein Mullläppchen; rühre sie, wenn sie abgekühlt ist, mit 140 Gramm Hefe klar durch und arbeite dann 1 Kilo feines Mehl hinein, sodass man einen flotten Teig erhält, den man an einer warmen Stelle gut aufgehen lässt. Gebe nun zu diesem Teige 250 Gramm gestoßenen Zucker, 750 Gramm ungesalzene, geschmolzene, aber nicht heiße Butter, 750 Gramm Sultaninen, 250 Gramm geschälte, fein gehackte Mandeln, etwas gestoßenen Zimt, sechs bis acht verklopfte Eier und ungefähr noch 1 Kilo Mehl; verarbeite alles gehörig und lasse es wieder gehen; forme hierauf nach Belieben einen sehr großen, breiten oder zwei kleinere Kringel in Form eines geschlossenen Kranzes und lasse zum dritten Male gehen, wonach man sie mit warmer, geschmolzener Butter bestreicht, mit Zucker bestreut und in gut geheiztem Ofen zu schöner Farbe backt; sie müssen durchweg goldgelb aussehen und sind zum Tee und Kaffee vorzüglich.

Englische Weihnachts-Pastetchen (*Mince-Pies*): Man nehme zwölf schöne, kleinwürfelig geschnittene Äpfel, 280 Gramm Korinthen, 280 Gramm Sultaninen, 280 Gramm aus der Haut gelöstes und fein gehacktes Nierenfett, 140 Gramm Orangenschale, 210 Gramm Mandeln, 350 Gramm gebratenes und erkaltetes Ochsenfilet, 210 Gramm geräucherte Ochsenzunge, alles fein geschnitten, das abgeriebene Gelbe von zwei Zitronen und eine halbe, fein geriebene Muskatnuss, tue alles zusammen in eine Porzellanschüssel, gieße ¼ Liter Kirschengeist oder Kognak und ¼ Liter Sherry oder Madeira darüber, menge es gut untereinander und lasse es, mit einer Papierscheibe überlegt und genau zugedeckt, über Nacht stehen. Eine Stunde vor dem Anrichten wird dann die nötige Anzahl Tortenförmchen mit Butter ausgestrichen, mit messerrückendick ausgerolltem Blätterteig ausgefüttert, ein Esslöffel voll von der Masse eingefüllt, mit einem Deckel von demselben Teige geschlossen und in der Mitte eine Öffnung in Größe eines Fünftpfennigstücks ausgestochen. Nun werden sie in einem ziemlich heißen Ofen zu schönster Farbe gebacken, über eine gebrochene Serviette auf einer Schüssel gehäuft angerichtet und warm serviert, nachdem man in jedes Pastetchen etwas Kognak gegossen und diesen angezündet hat, damit er aus denselben herausbrennt.

Sandwaffeln: Man rühre 250 Gramm abgeklärte Butter zu Schaum, füge dann acht Eier und zwei Esslöffel dicken süßen Rahm hinzu und hierauf nach und nach 500 Gramm Kartoffelmehl und 250 Gramm Zucker, würze mit Zimt, Muskatblüte und Zitronenschale, rühre es eine Stunde lang und backe die Waffeln wie gewöhnlich im Waffeleisen.

Apfelsinen-Pudding: Man schäle drei Apfelsinen und eine Zitrone und presse den Saft aus; koche die Apfelsinenschalen einen Augenblick in einem halben Glase Wasser, gebe dies durch ein Siebchen und löse 250 Gramm Zucker darin auf; auch löse man 30 Gramm weiße Gelatine in ¾ Glas Wasser und vermische nun beides mit dem Saft, gieße es durch ein feines Sieb und schlage es etwa eine halbe Stunde lang mit der Schneerute zu einer weißen, dicken Creme, die man in eine nicht geölte Form gießt, diese wenigstens ein paar Stunden lang in Eis stellt und beim Servieren stürzt.

Zitronen-Pudding: Man nehme eine Flasche weißen Wein, zehn Eier, drei Zitronen, einen Esslöffel Stärke, 250 Gramm Zucker und 30 Gramm Hausenblase Dann reibe man von zwei Zitronen die Schale auf dem Zucker ab, presse aus allen Zitronen den Saft darüber und verrühre die Eidotter; füge Wein, Hausenblase und die mit etwas Wasser aufgelöste Stärke hinzu und lasse es unter beständigem Rühren bis vors Kochen kommen; nehme es nun rasch vom Feuer, rühre den steifen Schaum von zehn Eiweiß gut durch und gieße es in eine mit Mandelöl bestrichene Form.

Statt Hausenblase kann auch allenfalls Gelatine genommen werden.

Berliner Jagdpudding: Man übergieße 500 Gramm Zucker, an dem das Gelbe einer Zitrone und einer süßen Orange abgerieben worden, mit einer halben Flasche Arrak, zünde ihn an und lasse ihn so lang brennen, bis der Zucker geschmolzen ist; füge nun eine Flasche weißen Wein, eine halbe Flasche Sherry und eine halbe Flasche Champagner hinzu und serviere heiß.

Torte mit Ananas: Man nehme eine recht schöne, große Ananas, der man einen 5 Zentimeter langen Stängel lässt und oben einen 3 Zentimeter dicken Deckel mit der Krone abschneidet und dann, von oben anfangend, das Innere vorsichtig, um die Schale nicht zu verletzen, in feinen Scheibchen herauslöst, am besten mit silbernem Löffel und Messer mit silberner Klinge. Von dem Ausgelösten bereitet man nun eine Sulz, indem man es in eine kleine Kasserolle tut, ¼ Liter kochendes Wasser darüber gießt, eine Stunde ziehen lässt und diese Infusion durch ein feines Haarsieb gibt. Hierauf koche man 60 Gramm Hausenblase in Wasser mit ein wenig geläutertem Zucker, schäume es wohl, gebe es durch ein feines Haarsieb und lasse es erkalten; koche auch 375 Gramm geläuterten Zucker zur kleinen Perle und wenn auch dieser erkaltet ist, so vermische man ihn mit der Hausenblase, der Ananas-Infusion und dem Safte von zwei Zitronen, fülle es in die Ananas und lasse die Sulz darin steif werden, welches am besten in Eis geschieht, worin dann aber kein Salz sein darf.

Man habe auch eine Torte, Biskuit- oder Sand-Torte, bereit und beim Auftragen mache man in die Mitte ein Loch und stelle die mit Deckel und Krone wieder versehene Ananas hinein.

Beim Servieren muss man von der Torte die Stücke so abschneiden, nämlich rundherum, dass die Ananas ihren Halt nicht verliere, und zu jedem Stück Torte oder auf dasselbe legt man dann etwas von der Sulz.

Nürnberger Lebkuchen: Man setze ¾ Liter Honig in einer Messing-Kasserolle aufs Feuer, tue, wenn er zu kochen beginnt, 250 Gramm gestoßenen Zucker hinein und lasse es so lange zusammen kochen, bis ein Tropfen, den man auf einen Teller fallen lässt, trocken wird; gebe dann in diese vom Feuer genommene Masse die Schale von zwei Zitronen, 30 Gramm Sukkade, 60 Gramm kandierte Pomeranzenschale, alles klein geschnitten, 250 Gramm abgezogene und über quer geschnittene Mandeln, 30 Gramm Zimt, 8 Gramm Gewürznelken, 4 Gramm Kubeben, 4 Gramm Kardamomen, eine ganze Muskatnuss, jedes dieser Gewürze für sich allein gröblich gestoßen, ein paar Messerspitzen Pottasche und ein halbes Glas Kirschengeist oder Kognak und rühre gleich darauf, solange der Honig noch etwas warm ist, so viel Mehl hinein, bis es ein starker Teig ist; nehme ihn dann auf das Backbrett, rolle ihn zweimesserrückendick aus und forme die Lebkuchen, indem man sie in der Größe einer Spielkarte aussticht; bestreue die Backbleche gut mit Mehl, lege die Lebkuchen darauf, backe sie bei mäßiger Hitze und bestreiche sie, noch warm, mit Zuckerwasser; man muss auch sorgen, dass vor dem Backen keine Kälte an Teig oder Kuchen komme. – Sie sind ganz vorzüglich, müssen aber einige Tage alt sein, weil sie anfangs fast immer zu hart sind.

Schokolade-Brötchen: Man vermische in einem tiefen Gefäße 10 Eier mit 250 Gramm gestoßenem Zucker und, nach Belieben, noch mit etwas fein pulverisierter Vanille, Zimt und Gewürznelken, bringe es auf mäßiges Feuer und schlage es lauwarm, dann kalt, nochmals warm und wieder kalt; menge nun 180 Gramm feines Mehl und 100 Gramm geriebene Schokolade darunter, fülle es in flache, schmale, länglich viereckige Blechformen, backe es bei mäßiger Hitze und lasse es, natürlich aus den Formen genommen, ein bis zwei Tage liegen, worauf man es in ganz dünne Scheiben schneidet, diese mit Himbeer- oder andrer Marmelade bestreicht und drei- bis vierfach aufeinander legt. Jetzt bereitet man einen Schokoladeguss, indem man 60 Gramm Schokolade reibt und 250 Gramm Zucker zum Flug kocht und etwas davon, zuerst wenig, dann etwas mehr, zu der Schokolade gießt, gut umrührt und es darauf zu dem übrigen Zucker schüttet; hat sich dann eine dünne Kruste angesetzt, so taucht man die Brötchen hinein und lässt sie trocknen.

Vanille-Küchlein: Man tue, so schwer wie fünf Eier wiegen, gesiebten Zucker nebst einer Viertelstange fein gestoßener und durchgesiebter Vanille in eine kleine Kasserolle, füge drei ganze Eier und zwei Eidotter hinzu und schlage dies auf sehr gelindem Feuer mit einer Schneerute, bis die Masse warm und dickschaumig geworden ist, nehme dann die Kasserolle vom Feuer und schlage noch so lange, bis die Masse kalt ist; vermische sie nun mittels eines Kochlöffels mit fünf Eier schwer Mehl, setze davon mit einem Esslöffel runde Häufchen auf ein mit Speck leicht bestrichenes Backblech und backe die Küchlein in mäßig heißem Ofen hellrötlich. Sie müssen gleich, wie sie aus dem Ofen kommen, vom Blech losgeschnitten und an einen trockenen Ort gestellt werden.

Bauern-Küchlein: Man rühre 250 Gramm Butter zu Schaum, dann nach und nach drei Eidotter hinein und 125 Gramm Zucker und etwas Vanille, rühre es eine halbe Stunde und ziehe zuletzt 300 Gramm Mehl leicht darunter; forme nun kleine Klößchen und tauche sie zuerst in verklopftes Eiweiß und danach in grob gestoßene Mandeln und grob gestoßenen Zucker, drücke in die Mitte der Klößchen mit dem Finger eine Vertiefung, backe sie bei gelinder Hitze und fülle, wenn sie erkaltet sind, eine eingemachte Kirsche oder etwas Gelee in die Vertiefung.

KALTSCHALEN

Wein-Kaltschale: Man reibe eine Zitrone auf 125 Gramm Zucker ab, drücke auch deren Saft über den Zucker und gieße eine Flasche weißen Wein, mit einer halben Flasche Wasser vermischt, darauf, und wenn der Zucker aufgelöst ist, so gebe man unmittelbar vor dem Servieren in Stücke gebrochenen Zwieback in die Terrine.

Apfelwein-Kaltschale: Man nehme eine Flasche Apfelwein, ½ Liter Wasser und einen halben Esslöffel Kartoffelmehl, welch letzteres man mit ein wenig von dem Wasser anrührt, das übrige Wasser zu Feuer bringt, und wenn es kocht, das Kartoffelmehl hinein gibt und unter beständigem Rühren aufkochen, dann erkalten lässt, wonach man den Apfelwein nebst Zucker, abgeriebener Zitronenschale und einem halben Esslöffel Rum hinzufügt und es gut verrührt.

Bier-Kaltschale: Man lasse zwei Liter gutes Weißbier mit ½ Kilo Zucker, Schale einer Zitrone, einem Stückchen feinem Zimt und einem Körnchen Salz bis zum Sieden kommen, legiere es mit acht Eidottern, gieße es durch ein feines Haarsieb und stelle es kalt; dann reibe man ein Stück trockenes Schwarzbrot, vermenge es mit vier Esslöffeln feinem Zucker, röste es im Backofen hellbraun und gebe es durch ein Drahtsieb, damit es nicht zusammenballe oder großbröckelig bleibe; auch wasche man 250 Gramm recht rein verlesene Korinthen, lasse sie in kochendem Wasser einmal aufkochen, tue sie auf einen Seiher und danach auf eine Serviette. Das Bier bringe man nun in eine in Eis gegrabene Terrine, worin es vier Stunden stehen muss, und füge eben vor dem Servieren Brot und Korinthen und nach Belieben auch ein Glas Rheinwein hinzu.

Diese Kaltschale ist besonders bei Herrn sehr beliebt und für die Damen wird dann gewöhnlich eine Obst- oder Milch-Kaltschake serviert.

Wasser-Kaltschale: Man reibe auf 150 Gramm Zucker eine Zitrone ab und presse den Saft darauf, gebe dazu ein Glas weißen Wein, 125 Gramm Korinthen und zuletzt ein Liter frisches Brunnenwasser.

131

Milch-Kaltschale: Man lasse zwei Liter Milch mit ¼ Kilo Zucker und einer kleinen Messerspitze Salz aufkochen, verrühre dann acht Eidotter mit etwas kalter Milch, rühre es rasch in die kochende Milch und diese hernach noch so lange, bis sie kalt ist, wonach man sie durch ein Siebchen in die zuvor schon in Eis gegrabene Terrine seiht, nach Geschmack mit Maraschino vermengt und im Moment des Servierens kleines, feines Backwerk, Makronen, runde Biskuits, runde Baisers oder dergleichen hinein gibt.

Erdbeer-Kaltschale: Man suche von zwei Liter schönen, reifen Walderdbeeren den vierten Teil (die schönsten) mit einer Nadel aus und stelle sie in einer Schale auf Eis, die übrigen treibe man durch ein Haarsieb in die Terrine, verrühre sie mit 750 Gramm gestoßenem Zucker, zwei Flaschen Rheinwein und dem Safte einer Zitrone und stelle sie drei bis vier Stunden ebenfalls auf Eis; gebe hierauf auch die zurückbehaltenen Erdbeeren hinein und serviere mit ganz feinem Backwerk.

Himbeer-Kaltschale: Man zerdrücke ein Liter Himbeeren mit einem Löffel und gieße ein Liter recht frisches Brunnenwasser darüber; presse es zusammen durch eine Serviette, gebe Zucker und etwas weißen Wein dazu und serviere mit Backwerk, mit Reisküchlein oder mit Eierkäse.

Zu den Reisküchlein koche man ¼ Liter Reis in ¾ Liter Milch ganz dick ein, gebe Zucker und 30 Gramm abgezogene, bittere oder auch süße, fein gestoßene Mandeln hinzu und rühre alles wohl untereinander; fülle es dann in nass gemachte Förmchen oder Tassen, lasse es erkalten und stürze.

Eierkäse: Man verrühre fünf ganze Eier, drei Eidotter, 30 Gramm Zucker und den Saft einer halben Zitrone mit ⅜ Liter kalter Milch, bestreiche dann Creme-Tassen oder kleine Obertassen leicht mit Mandelöl und fülle die Masse stark halbvoll ein, stelle sie ins Bain-Marie, lasse sie eine Viertelstunde zugedeckt leise kochen, erkalten, und stürze sie beim Gebrauche.

Johannisbeer-Kaltschale: In allem wie Himbeer-Kaltschale, aber mit recht viel Zucker.

Pfirsich-Kaltschale: Man schäle schöne, reife Pfirsiche, schneide sie in Scheiben und bestreue sie reichlich mit Zucker; lasse sie so eine Stunde stehen und gieße halb weißen Wein, halb Wasser darüber. Ein Zusatz von (immer tragenden) Erdbeeren, ebenfalls vorher eingezuckert, ist zu empfehlen.

Kaltschale aus in Büchsen eingelegten Aprikosen oder Pfirsichen: Man lasse die Früchte auf einem Seiher rein ablaufen und lege sie in die Terrine; vermische den Saft nach Geschmack mit weißem Wein, am besten Rheinwein, oder halb Wein halb Mineralwasser und gieße es über die Früchte. – S e h r g u t.

KONFITÜREN

Ausgekernte Johannisbeeren: Man suche die schönsten und dicksten Beeren von roten, nicht zu reifen Johannisbeeren aus, nehme mit einer feinen, zugespitzten Feder (Rabenfeder oder ähnliche) die Kerne vorsichtig heraus, indem man an der Stielseite einsticht, und lege die ausgekernten Beeren nebeneinander auf Teller; läutere nun auf ½ Kilo Beeren ½ Kilo Zucker, bis er Fäden zieht, gebe die Früchte hinein und lasse sie eben a u f k o c h e n , ja nicht länger.

Dies ausgezeichnet feine und schöne Eingemachte, unter dem Namen *groseilles de Bar* im Handel bekannt und berühmt, erfordert zwar vielen Zucker, gibt aber auch, weil es nur so wenig gekocht wird, sehr viel aus und ¼ Kilo schon eine schöne Portion.

Vierfrüchte: Man nehme Kirschen von kurzstieligen Sorten, rote Johannisbeeren, rote Himbeeren und-Erdbeeren und für j e d e s halbe Kilo Frucht zwei Kilo Zucker, der zum Bruch gekocht wird, worauf man zuerst die (ausgekernten) Kirschen hinein tut und sie drei Minuten lang kochen lässt, dann die Johannisbeeren hinzufügt, die ebenfalls drei Minuten kochen müssen, nun die Erdbeeren und drei Minuten kochen, zuletzt die Himbeeren, und wenn auch diese drei Minuten gekocht haben, so ist es fertig und wird eingefüllt.

Diese Konfitüre gilt in dem durch seine Konfitüren berühmten Frankreich als die feinste und ist zwar etwas kostspielig, wiewohl nicht so sehr als es scheint, weil sie, gleich den ausgekernten Johannisbeeren, sehr viel ausgibt.

Rosenblätter einzumachen: Man pflücke bei trockenem, sonnigem Wetter, am besten wenn es Tags vorher geregnet hat, von echten, in vollster Blüte stehenden Centifolienrosen die Blumenblätter ab, schneide an jedem Blättchen das weißliche, dickere Ende ab und lege sie ganz lose übereinander in ein vorher gewogenes Tuch, wiege in demselben die Blätter und nehme auf ½ Kilo davon ein Kilo Zucker, den man mit Wasser anfeuchtet und langsam in einem gut emaillierten oder neuen, irdenen Topfe (nicht in der Messing-Kasserolle, weil die Konfitüre darin stehen bleiben muss) so lange kocht, bis ein Tropfen, den man zwischen Daumen und Zeigefinger genommen, beim Auseinandertun der Finger sich in steife Fäden zieht. Nun streue man unter langsamem Rühren des kochenden Zuckers die Rosenblätter hinein, ziehe es dann rasch vom Feuer und decke es zu; koche es nach 24 Stunden wieder auf und lasse es ebenso lange wieder zugedeckt stehen, wo der Zuckersaft dann recht klar und wie ein lichter Gelee sein muss, wo nicht, so müsste es noch einmal gekocht werden, welches jedoch möglichst zu vermeiden ist, weil die Konfitüre, eine der köstlichsten, die es gibt, dadurch leicht ihre schöne Farbe verliert; Übung und Erfahrung müssen da eben auch das beste tun. Man gibt diese Konfitüre unter dem Namen S c h e r b e t gern in nur halb gefüllten Gefrornenbechern, mit einem Glas Eiswasser dabei, von dem man nach Belieben zu der Konfitüre tut. – O r i g i n a l - r e z e p t   a u s   T i f l i s.

Ganze Weintrauben einzumachen: Man nehme vollkommen reife, doch nicht überreife, ausgesuchte, ganz unversehrte Trauben, binde bei jeder an das Stielchen der obersten Beere einen Faden und hänge sie damit, den Stiel nach unten, in ein passendes Einmachglas (immer nur eine Traube in ein Glas); an den Faden wird ein zweiter Faden gebunden und dieser quer über das Glas geschlungen, sodass die Traube frei hängt.

Jetzt bereitet man den nötigen Zuckersirup, auf ⅓ Liter Wasser immer ½ Kilo Zucker, den man in kleine Stücke schlägt und rasch zum Kochen bringt, und wenn er anfängt Fäden zu ziehen, so gibt man den Schnee von ein paar Eiweiß hinein, wodurch jede Unreinigkeit des Zuckers in die Höhe kommt, schäumt sorgfältig ab und lässt den Zuckersirup dann nochmals aufkochen und hiernach kalt werden.

Von diesem Sirup nun füllt man die Gläser mit den Trauben voll, bindet sie mit Schweinsblase vorsichtig zu und stellt sie zwischen Heu in eine Kasserolle, gießt lauwarmes Wasser daran, lässt sie fünf Minuten lang kochen und in·der Kasserolle erkalten.

Einige solcher Trauben, blaue und weiße, mit etwas von ihrem Safte in eine Kristallschale gelegt, geben eine sehr hübsche und gute Dessertschüssel, ohne viele Mühe und Kosten zu machen.

Aprikosen in Büchsen einzumachen: Man halbiere und entkerne die Aprikosen und lege sie in die Büchsen; koche dann für jede ein Liter haltende Büchse ½ Kilo Zucker in anderthalb Glas Wasser nur so lange, bis er abgeschäumt ist, und fülle damit die Büchsen bis einen starken Strohhalm breit vom Rande, lasse sie zulöten und in einem Kessel mit kochendem Wasser, welches über die Früchte gehen muss, 15 Minuten lang kochen und im Wasser erkalten.

Dieses ganz ausgezeichnete Eingemachte wird meistens als K o m p o t t gegeben, kann aber auch zu Torten, Kuchen und Kaltschalen gerade wie frische Früchte gebraucht werden und ist ganz besonders für Kranke eine vortreffliche, heilsame Erquickung. Es hält sich jahrelang, jedoch wenn die Büchse geöffnet worden, nicht länger als jedes andre Kompott.

Apfelsinen-Marmelade: Man schäle von zwölf schönen, saftreichen Apfelsinen die gelbe Schale mit einem scharfen Messerchen so dünn ab, dass nichts Weißes an der gelben Schale bleibe, sondern die kleinen Augen nur durchschnitten sind, und lege diese Schale zwölf Stunden lang in kaltes Brunnenwasser, dem man ein wenig Salz zugesetzt hat. Die geschälten Apfelsinen und noch vier ungeschälte schneide man in der Mitte durch, schabe einem Teelöffel Mark und Saft in eine Porzellanschale und lasse Kerne und alles Faserige sorgfältig zurück. Die Schalen gebe man, wenn sie die gehörige Zeit in dem gesalzenen Wasser gelegen haben, in kochendes Wasser, koche sie fast weich, schneide sie zu haarfeinen Streifchen und füge sie zu der Apfelsinenmasse nebst fein gesiebtem Raffinadezucker (375 Gramm Zucker auf ½ Kilo der Masse), vermische mit einem silbernen Löffel alles wohl in der Einmach-Kasserolle, setze diese über Kohlenfeuer (an besten von Holzkohlen) und lasse unter fortwährendem, sanften Aufrühren und Bewegen die Masse zum Kochen kommen und wenigstens zwanzig Minuten lang fortkochen. Die Marmelade muss klar und dick und die Streifchen Schale dürfen nicht zerrührt sein. Man gieße dann die Marmelade sogleich in eine Schale und fülle sie hernach erst in die Gläser. Wenn man das Bittersüße liebt, so kann man der angegebenen Masse noch Schale, Saft und Mark von zwei bitteren Orangen zusetzen, welches besonders bei Herrn sehr beliebt ist.

In England gibt man die Apfelsinen-Marmeladen vorzugsweise zum Tee, indem man sie auf offene, mit frischer Butter leicht bestrichene Weißbrotschnitten streicht.

Erdbeersaft: Man nehme zu diesem vortrefflichen Safte, bei welchem sich der vollkommen reine Geschmack der Frucht erhält, völlig reife Walderdbeeren und suche jede schlechte oder faulige Beere sorgfältig heraus. Dann knüpfe man ein nicht zu dichtes, leinenes, geruchloses Tuch oder eine Serviette mit den vier Ecken an die vier Füße eines umgekehrten Stuhles und stelle unter das Tuch ein Porzellangefäß. Nun wiege man die Erdbeeren, stoße ebenso viel Zucker ganz fein und lege immer eine Lage Beeren und eine Lage Zucker in das aufgehängte Tuch, bis beides zu Ende ist, und lasse es so 24 Stunden stehen, ohne die Beeren im Mindesten zu drücken, wonach man den durchgelaufenen Saft in kleine, sehr reine und trockene Fläschchen füllt, diese nebeneinander, mit Heu dazwischen, in eine Kasserolle stellt, so viel kaltes Wasser in dieselbe gießt, dass es bis an den Hals der Fläschchen reicht und die Kasserolle jetzt zu Feuer bringt. Hat das Wasser dann einige Mal aufgekocht, so setze man die Kasserolle ab, lasse die Fläschchen darin erkalten, pfropfe sie vorsichtig zu und versiegle sie. Der Saft muss dicht an den Pfropfen gehen, damit keine Luft im Fläschchen bleibe, und man muss die Fläschchen klein nehmen, weil der Saft sich nicht mehr hält, sowie die Flasche geöffnet ist. Beim Kochen muss man sich sehr in Acht nehmen, dass kein Wasser in die Fläschchen komme.

Himbeersaft: Wie Erdbeersaft.

Johannisbeersaft: Wie Erdbeersaft.

Vierfrüchtesaft: Man nehme drei Teile Himbeeren, einen Teil recht reife Weichseln, einen Teil rote Johannisbeeren und einen Teil Walderdbeeren und zerdrücke sie, reibe sie mit der Hand durch ein feines Sieb und stelle diesen Saft in einem Porzellangefäß 24 Stunden lang auf Eis, wonach er geronnen sein wird. Nun spanne man ein sehr reines, geruchfreies, in kaltem Wasser ausgewaschenes und wieder gut ausgerungenes Tuch zwischen vier Stuhlbeinen aus, stelle ein Porzellangefäß darunter und lasse den Saft durchtropfen, wonach er in halbe Flaschen gefüllt, gut zugepfropft und mit Blase und Bindfaden noch gut zugebunden wird. Dann nehme man ein beliebiges Gefäß, tue auf den Boden desselben drei Querfinger hoch Heu, stelle die Flaschen nicht zu nahe zusammen hinein und fülle die Zwischenräume auch mit Heu gut aus; gieße vier Querfinger hoch Wasser hinein, stelle das Gefäß aufs Feuer und lasse das Wasser drei Minuten lang kochen; setze es dann ab, decke es zu und nehme die Flaschen nicht eher heraus, bis das Wasser ganz erkaltet ist. – Dieser Saft wird meistens zu S u l z benützt, das Beste, was man in dieser Art hat. Das Zurückbleibende, mit Zucker versetzt, gibt eine pikante Marmelade.

VERSCHIEDENES

Blätterteig: Man knete ½ Kilo Butter mit 125 Gramm Mehl gut untereinander, drücke es in der Größe eines Tellers auseinander und stelle es an einen kühlen Ort; nehme dann 375 Gramm Mehl, einen halben Esslöffel Salz, drei Esslöffel weißen Wein, ein großes Ei und nach und nach ein Glas Wasser, mache daraus einen Teig in der Steife, dass, wenn man mit dem Finger darauf drückt, das Grübchen von selbst wieder vergeht, und verarbeite ihn kräftig; bestäube das Backbrett so fein wie möglich mit Mehl und rolle den Teig in der Größe einer gewöhnlichen Schüssel auseinander, lege die Butter darauf, schlage den Teig darüber, rolle ihn so fein wie möglich aus und wiederhole dies Zusammenschlagen und Ausrollen noch dreimal, lasse ihn aber zwischen jedem S c h l a g e n, wie man es in der Küchensprache nennt, fünf Minuten ruhen. Es ist auch gut, wenn man ihn den Abend vor dem Gebrauche machen kann, wiewohl dieser sehr gute Blätterteig sich wegen der mit Mehl durchkneteten Butter leichter als andere bereiten lässt.

Mürber Teig: Man tue 180 Gramm Mehl auf das Backbrett und mache in die Mitte eine leichte Grube, gebe 125 Gramm Butter in Stückchen, 60 Gramm Zucker und ein Ei hinein und arbeite dies mit den Fingerspitzen der rechten Hand durcheinander, schiebe nach und nach das Mehl dazu und menge es rasch zum Teige. Dieser vorzügliche Teig hält sich ungebacken wochenlang, wenn man ihn rund zusammenballt und zugedeckt an einem kühlen, trockenen Orte verwahrt.

Backteig: Man verrühre vier Esslöffel Mehl mit vier Esslöffeln Bier, zwei Esslöffeln feinem Öl, etwas Salz und zwei zu Schnee geschlagenen Eiweiß. – Sehr gut, zart und spröde.

Geruchzucker: Man schneide eine Stange schöne Vanille in Stückchen und lasse sie auf weißem Papier langsam trocknen, stoße sie dann mit 60 Gramm Zucker, siebe es durch und stoße das Zurückgebliebene nochmals mit 30 Gramm Zucker, siebe es auch durch, bewahre es in gut verstopften Glasfläschchen und brauche es zum Bestreuen von Torten, Kuchen, Obst, namentlich Erdbeeren, und wo er sonst bei den Rezepten angegeben ist.

Zu Zitronenzucker, der wie Vanillezucker gebraucht wird, reibe man das Gelbe von zwei Zitronen auf einem Stück Zucker ab und schabe dies über einem Teller herunter, trockne es langsam, stoße es mit 125 Gramm Zucker, siebe es fein und bewahre es wie den Vanillezucker.

Glasur für Torten und Backwerk: Man rühre 125 Gramm ganz fein gesiebten Zucker mit zwei Eiweiß eine Viertelstunde lang recht schaumig und drücke während des Rührens etwas Zitronensaft hinein; streiche es dann messerrückendick auf das erkaltete Backwerk und lasse es trocknen.

Überzuckerte Früchte (*en Chemise*)**:** Es eignen sich dazu nur Johannisbeeren, Erdbeeren, Kirschen und Apfelsinen, und man sucht natürlich recht schöne Früchte aus. Bei den Johannisbeeren ist keine Vorbereitung nötig, bei den Kirschen werden die Stiele etwas abgeschnitten, bei den Erdbeeren die grünen Blättchen am Stiel abgenommen; die Apfelsinen muss man vorsichtig schälen und ohne Messer auseinander teilen, um die innere Haut der natürlichen Abteilungen nicht zu verletzen, denn wenn der Saft herausquölle, so würden sie sich nicht schön überzuckern.

Man tut nun Eiweiß in eine Obertasse, taucht das zu Überzuckernde hinein, lässt es abtropfen und überzuckert es, indem man es in geriebenem Zucker teils umwendet, teils hin und wieder Zucker darüber streut und so fortfährt, bis die nötige Portion fertig ist; sie werden dann auf eine Porzellanschüssel gelegt und an der Sonne oder auch nur an der Luft etwas abgetrocknet; an Ofenwärme dürfen sie nicht kommen.

Beim Servieren pflegt man Blätter der betreffenden Frucht darum und dazwischen zu legen; man kann auch mehrere Sorten zusammen über ein Tortenpapier (Spitzenpapier) oder in einer Vase (s. Teetisch) arrangieren oder zum Verzieren von Torten und kalten Puddings verwenden.

Weitere Titel im Programm

Kanneborn, E.H.
Schicksale des Kaffees – Die Entstehung der Kaffeekultur über die Jahrhunderte

SEVERUS Verlag Hamburg 2019
52 Seiten, 12 x 19 cm

26,00 € (HC)
978-3-96345-121-8

19,90 € (PB)
978-3-96345-122-5

„Was der Wein der poetischen Begeisterung, das ist der Kaffee der sinnigen Betrachtung."
Mit humorvollen Gedichten von Zeitgenossen versehen bietet dieses Werk einen detaillierten Überblick darüber, wie der Kaffee die Welt eroberte. E.G. Kanneborn nimmt uns mit auf eine Abenteuerreise von der Entdeckung des Kaffees bis zu der Entstehung einer Kaffeekultur in Deutschland und beschreibt Sitten und Rituale rund um das schwarze Gold.
Für alle Genießer, die mehr über die Herkunft ihres Lieblingsgetränks erfahren wollen.

Kaulbach, Wilhelm von
Kaffee-Klexbilder – Humoristische Handzeichnungen

SEVERUS Verlag Hamburg 2019
44 Seiten, 14,8 x 21 cm

18,00 € (PB)
978-3-96345-145-4

Willkürliche Kleckser, Tierbilder, Sagen- und Mythenfiguren, bizarre Karikaturen – Kaffee ist nicht nur zum Trinken, sondern kann auch ganz ohne Worte viele Geschichten erzählen!

48 Zeichnungen sind das Ergebnis gemütlicher Plauderstunden des deutschen Malers Wilhelm von Kaulbach (1805–1874) und seiner Schüler Michael Echter (1812–1897) und Julius Muhr (1819–1865). Aus zufällig auf das Paper getropften Kaffeeklecksen entstanden wahre Kunstwerke.

Dieser Bildband, eines der ersten Bücher dieser Art, ist für Kaffee- und Kunstliebhaber ein doppelter Genuss.

Walther, Markus
EspressoProsa. Klein. Stark. (Manch-mal) schwarz.

acabus Verlag Hamburg 2012
128 Seiten, 14 x 20 cm

12,00 € (PB)
978-3-86282-126-6

53 Kurzgeschichten to go

Was haben Espresso und Kurzgeschichten gemeinsam?
Beide werden ihrer Größe wegen – oder sollte man vielleicht eher sagen wegen ihrer geringen Menge – oft unterschätzt. Doch so wie in dem kleinen Tässchen eine geballte Ladung Koffein steckt, können sich selbst in der kürzesten Geschichte Universen auftun und sogar ganze Leben entfalten – manchmal braucht es nur eine Seite. In einer hohen Konzentration können sich hier Sinn und Unsinn frei entfalten und den Geist erhellen oder manchmal einfach nur belustigen.

EspressoProsa ist die Fortsetzung von Kleine Scheißhausgeschichten und entfaltet ebenso wie sein Vorgänger Humor und Geistreiches über die Wunderlichkeiten des Alltags und der Welt. Kurzweilig, aber dennoch pointiert versüßen sie die eine oder andere Tasse Kaffee. Und auch wer Kaffee und Humor lieber schwarz genießt, wird auf seine Kosten kommen.

Lindekam, Irma
Vegetarische Zeitreise – Traditionelle
Rezepte mit regionalen Zutaten

SEVERUS Verlag Hamburg 2017
68 Seiten, 14,8x 21 cm

16,00 € (HC)
978-3-95801-637-8

13,00 € (PB)
978-3-95801-638-5

Dass gutbürgerliche Küche und vegetarische Ernährung zueinander passen, zeigt Irma Lindekam in ihrem Buch Vegetarische Zeitreise – traditionelle Rezepte mit regionalen Zutaten.

Geschrieben zu Beginn der vegetarischen Bewegung in Deutschland, enthält es eine große Vielfalt an Rezepten für Brot, Suppen, Salate, Saucen, etc. für Einsteiger und Leute, die kochen wollen, wie zu Omas Zeiten – nur ohne Fleisch.

Eigens für das Buch angefertigte Illustrationen von Annelie Lamers runden dieses Basiswerk aus dem 20. Jahrhundert ab und geben Inspirationen für eine gesunde Lebensweise.